Miami
Key West · Everglades

Uitgeverij ANWB

Inhoud

Het belangrijkste eerst
blz. 4

Dit is Miami
blz. 6

Miami in cijfers
blz. 8

Wat is waar?
blz. 10

Kodakmoment
Stranden met kleur
blz. 13
Creatieve hotspot
blz. 15
Leven onder de blote hemel
blz. 16

Het kompas van Miami
15 manieren om je onder te dompelen in de stad
blz. 18

 Pastelkleurig paradijs – **art deco in South Beach**
blz. 20

 Non-stop beachparty – **strandleven en clubs in Miami Beach**
blz. 24

 Van het strand naar de topdesigners – **Surfside, Bal Harbour en Sunny Isles Beach**
blz. 28

 Caribisch Miami – **Little Haiti**
blz. 32

 Kooplust, concerten en kunst in Downtown – **Design District**
blz. 36

 Met kleur tot leven gewekt – **Wynwood Art District**
blz. 39

 Business, bars en hightechmusea – **Downtown Miami**
blz. 43

8 Salsa, samba en sigaren – **Little Havana** blz. 47

9 Wat een rust – **Virginia Key en Key Biscayne** blz. 51

10 Dorps karakter en de Caribische way of life – **Coconut Grove** blz. 55

11 Iberische fantasieën – **Coral Gables** blz. 59

12 Waterwonderland – **Biscayne National Park** blz. 63

13 Alligators, mangroven en heel veel water – **rond de Everglades** blz. 66

14 One happy island – **Key West** blz. 70

15 Rijk, rijker, rijkst – **Palm Beach** blz. 74

Miami's museumlandschap blz. 78

De kunst van het herinneren – monumenten en sculpturen blz. 81

Miami op het water blz. 82

Pauze, even rebooten blz. 84

 Overnachten blz. 86

 Eten en drinken blz. 90

 Winkelen blz. 98

 Uitgaan blz. 104

Reisinformatie blz. 110

Hoe zegt u? blz. 114

Register blz. 115

Fotoverantwoording blz. 126

Colofon blz. 127

Herinner je je deze nog? blz. 128

Het belangrijkste eerst

Een zondagmiddag op z'n Miami's
De zondagsbrunch in Versailles, met een uitbundig buffet, is een Miamiaanse traditie. Het kitscherige pseudo-renaissancedecor hoort er net zo bij als de norse bediening – en het feit dat je de rest van de dag geen pap meer kunt zeggen.

Het coole hart van Miami
Een Art Walk door Wynwood is een reis door het coole hart van Miami: tijdens een rondleiding het grootste streetart-openluchtmuseum ter wereld bewonderen, met de creatievelingen hangen bij Panther Coffee, een burger verorberen in de Wynwood Kitchen & Bar en de avond bij Gramps afsluiten met livemuziek.

Blik op de skyline vanuit de 'roestige pelikaan'
De Rusty Pelican is geland op de schilderachtigste plek van Miami: de punt van Virginia Key, met een adembenemend uitzicht op de skyline van de stad. Vanuit de cocktailbar kun je hier genieten van een zonsondergang zoals nergens anders in Zuid-Florida.

Dansen in een legendarische club
De nachten zijn lang en heet in heel Little Havana, maar nergens wordt het leven zo uitgelaten gevierd als in de legendarische club Ball & Chain. De 'jazzkantine' met een podium in een weelderige binnentuin bestaat al dik zestig jaar en heeft een roemrijke historie. Sinds de heropening een aantal jaar geleden herleven hier de gouden tijden met Latijns-Amerikaanse muziek waarop tot het ochtendgloren wordt gedanst.

Niets dan rust
Miami is vaak druk en lawaaiig. Dan is het extra fijn dat er hier en daar oasen van rust zijn waar je even aan de hectiek kunt ontsnappen. Zoals het idyllische Books & Books in Coral Gables. De boekwinkel met café bevindt zich in de zuilengalerij van een Italiaanse, door palmen omzoomde binnenplaats. Neem plaats, bestel een *cortado* en laat de middag aan je voorbijtrekken.

Het belangrijkste eerst

Shoppen zoals de Amerikanen dat doen
Zuid-Florida is het land van de megamalls. Het in 2017 geopende Brickell City Centre is de nieuwste aanwinst. Een bezoekje aan het als een 'urban oasis' aangeprezen, half open complex is alleen al de moeite waard vanwege de futuristische architectuur van Arquitectonica. En je kunt er heerlijk shoppen, smoothies slurpen en natuurlijk mensen kijken.

Om mee naar huis te nemen
Een dromerige boottocht van Key West richting zonsondergang is een aandenken dat eenmaal in het grijze Europa weer een glimlach op je lippen tovert. Zo snorkel je tussen het bonte koraal en de majestueuze pijlstaartroggen, zo zit je op het dek met een cocktail in je hand terwijl de zon vuurrood brandend de Caribische Zee in plonst.

Een duikje in de jaren 20
In de Venetian Pool van Coral Gables, ooit een koraalgroeve, kun je spreekwoordelijk baden in de weelde van de gouden jaren 20. Een zwembad zo groot als een lagune in een hyperrealistisch Venetiaans decor – een hoogtepunt van een langzaamaandagje in Miami …

Effe snel door South Beach
De beste optie is natuurlijk net als de locals met een beachcruiser (te huur bij Fritz's Shop op Collins Avenue) over de boulevard cruisen. Maar als je haast hebt, of geen zin om te fietsen, koop je voor 25 cent een buskaartje en pendel je airconditioned van strandje naar strandje.

Toen ik voor de eerste keer van mijn woonplaats New York naar Miami reisde, was ik erg sceptisch. Maar het moderne, kosmopolitische Miami heeft me overtuigd. De stad biedt veel meer dan alleen strand, beroemdheden en feesten – een ongekende creativiteit bijvoorbeeld.

Vragen? Ideeën?

Laat het me weten! Mijn adres bij de ANWB:

  anwbmedia@anwb.nl

Dit is Miami

De skyline van Miami Beach lijkt als een fata morgana boven zee uit te rijzen wanneer je over de MacArthur Causeway naar het langgerekte schiereiland rijdt – zeker de eerste keer een bijzonder gezicht. De glazen hoteltorens aan het beroemdste strand van Noord-Amerika weerspiegelen het groenblauwe water en omgekeerd, en boven alles zindert de zwoele lucht van de eeuwige zomer.

Een stad als een film

De rit is een goede voorbereiding op Miami Beach, waar de dagen en nachten samenvloeien en alles eruitziet alsof je in licht aangeschoten toestand loopt te dagdromen. Dompel je onder in de beroemde pasteltinten van de art-decowijk terwijl de cafés en clubs op Ocean Drive een Zuid-Amerikaans ritme over het strand blazen. Skateboarders en oversized strandcruisers rollen in schijnbare slowmotion onder door orkanen verbogen palmbomen door. De boulevard is als een eindeloze optocht van lichamen die te perfect lijken om echt te zijn. Je hebt het gevoel dat je in een film zit, of beter, een televisieserie – de tijd lijkt te zijn blijven steken in de jaren 80, toen *Miami Vice*-undercovers Crockett en Tubbs in linnen pakken met hun Ferrari door de stad reden op de synthpopklanken van Jan Hamer. Miami Beach is een feest dat nooit eindigt, een cocktailglas dat altijd vol is.

Visioenen werden winterresorts

Deze onwerkelijke, dromerige realiteit zit in het DNA van Miami. Heel Zuid-Florida was in eerste instantie een fantasie. Vindingrijke ondernemers uit het noorden van de Verenigde Staten zagen de moerassen en het eiland in de baai van Biscayne en vroegen zich af wat ze daar toch mee moesten. Er werden enorme sinaasappel-, avocado- en kokosnootplantages uit de grond gestampt, maar algauw kregen in Miami de zaken de overhand waar de stad tot op de dag van vandaag om bekendstaat: vakantie, luxe en 'zonde'. Miami Beach was vanaf het begin een vakantieoord waar zo'n bétje alles mogelijk was wat elders niet kon. Met dank aan de maffia en de nabijheid tot Cuba werd hier tijdens de drooglegging gedronken, gegokt en gefeest als nergens anders in de VS. En vanaf de jaren 80 dwarrelde Colombiaanse cocaïne neer in de clubs van South Beach, waar de nachten nog steeds eindeloos zijn.

Innovatie vol verbeeldingskracht

Maar Miami is meer dan alleen *vice*, Miami staat ook voor kunst en design. Dat begon met de bouw van de voor die tijd extravagante hotels in art-decostijl aan het strand na de verwoesting door orkaan Andrew in 1926 en zette zich voort met de bouw van de prachtige nederzetting Coral Gables. Hier, midden in het moeras, bouwde visionair George Merrick een mediterrane stad met Amerikaanse afmetingen. En het gaat door in de nieuw gecreëerde kunst- en designdistricten in het noorden van

Dit is Miami

Alles voor de esthetiek – zelfs de brandkranen zijn in Miami Beach stijlvoller.

Downtown, aangewakkerd door Art Basel Miami Beach, dat al sinds het begin van de eeuw de hele kunstwereld naar de stad trekt. In de oude fabriekshallen en kantoren van het voormalig industriële Wynwood is in de laatste jaren het wellicht coolste kunstdistrict van de Verenigde Staten ontstaan. Elke zondag komt de jonge avant-garde van de stad in de cafés bijeen om daarna langs de galeries te slenteren en bovenal de alomtegenwoordige graffitikunst te bewonderen. Maar Wynwood is slechts de laatste manifestatie van de baanbrekende en ondernemende geest die altijd in Miami heeft rondgewaard – een geest die de laatste vijftig jaar ook golf na golf immigranten inspireerde om Latijns-Amerika te verruilen voor Zuid-Florida.

De vrijheid zoeken

De latino's, zo'n 70 procent van de bevolking, zijn in Miami toonaangevend – vooral de Cubanen. Hun *way of life* doordrenkt de stad. Niet alleen in Little Havana, waar de hele nacht in bodega's wordt gedanst op *son Cubano* en overdag mannen op straat sigaren roken, domino spelen en de Castro's beschimpen; de Latijns-Amerikaanse invloed is overal merkbaar. De jonge generatie immigranten bepaalt tegenwoordig het openbare leven van de stad. Dat merk je aan de manier waarop de zaken hier worden afgehandeld – een beetje te luidruchtig, iets te theatraal, maar altijd met enthousiasme en levenslust. Dat is nergens duidelijker dan op Key West, het eiland waar de VS Cuba bijna kan zoenen. Geen plaats in Amerika is zo vrij en ontspannen, nergens wordt zo veel nadruk gelegd op het hier en nu. Nog sterker dan Miami Beach is dit een kolonie van levenslustige feestvierders en buitenbeentjes – een plek tussen dag en nacht waar de zon roodgloeiend de zee in duikt terwijl in de haven op trommels wordt geslagen en de tijd zich uitstrekt tot in het oneindige.

Miami in cijfers

7
jaar duurde de tweede oorlog van de Amerikanen met de Seminole-indianen, die in 1835 begon.

16
% van de inwoners van Miami is ouder dan 65, circa 3% meer dan het nationale gemiddelde.

24
°C is de gemiddelde jaartemperatuur in Miami. In juli kan het 40 °C worden.

52
m diep is de fundering van de wolkenkrabber One Thousand Museum van Zaha Hadid, die in 2018 is geopend.

60
% van de inwoners van Miami is geboren buiten de Verenigde Staten.

70
% van de bevolking van Miami is van Latijns-Amerikaanse afkomst.

160
km/h was de stevigste windstoot die in 2017 in Miami werd gemeten tijdens orkaan Irma. De storm richtte voor 141 miljard dollar schade aan.

180
km steekt het eilandensnoer van de Florida Keys naar het zuidwesten in de Golf van Mexico.

772
km lang was het spoortraject dat Henry M. Flagler in 1896 bouwde tussen St. Augustine en Key West om Zuid-Florida te ontsluiten.

4200
ton cocaïne werd in 2017 door de kustwacht van Florida in beslag genomen.

50.000
dollar per nacht kost de duurste suite in het luxueuze Faena Hotel in Miami Beach.

77.000
bezoekers komen elk jaar af op Art Basel Miami Beach. Het is daarmee nummer vijf op de ranglijst van drukst bezochte kunstbeurzen.

16.000.000
toeristen kwamen in 2016 naar Miami, 5% meer dan in het jaar ervoor. Ze gaven meer dan 25 miljard dollar uit.

65.000.000
dollar kostte het duurste penthouse in Miami Beach in 2017.

1200 beschermde gebouwen zijn er in Miami Beach, waarvan zo'n duizend in art-decostijl.

Wat is waar?

Miami en Miami Beach liggen in een voormalig moerasgebied, dat tot zo'n honderd jaar geleden voornamelijk werd gebruikt voor fruitplantages. Tegenwoordig is Greater Miami met 2,5 miljoen inwoners een van de grootste stedelijke gebieden van de Verenigde Staten.

Miami Beach is niet Miami

De 'term' Miami wordt vaak gebruikt als een verzamelnaam voor de stad Miami, die op het vasteland aan Biscayne Bay ligt, en Miami Beach, het langgerekte schiereiland ten oosten ervan. Maar Miami en Miami Beach moet je zeker niet over een kam scheren. Miami Beach is niet, zoals de naam doet vermoeden, 'het strand van Miami', maar een op zichzelf staande gemeente, die veel ouder is dan de stad op het vasteland. Maar het is natuurlijk niet meer dan logisch dat men bij het horen van de naam Miami in eerste instantie Miami Beach voor ogen heeft, met zijn strand- en nachtleven.

Miami Beach

South Beach (kaart 2) heeft alles waaraan je denkt bij het horen van Miami Beach. Hier staan de clubs en hippe hotels, hier eten en drinken de sterren en sterretjes uit de film- en muziekwereld, hier lopen wannabe-modellen op en neer in de hoop te worden ontdekt, hier zijn de stranden het kleurrijkst. En dat alles op het kleine stukje tussen 5th Street en 15th Street en de drie blokken tussen de legendarische Ocean Drive en Washington Avenue. De omgeving staat bekend als het **Art Deco District**; hier staan honderden historische hotels en woonhuizen uit de jaren 30, alle gebouwd in art-decostijl. Hun pasteltinten en bijzondere neonelementen hebben Miami Beach zijn onderscheidende karakter gegeven en de stad op het eiland wereldberoemd gemaakt.
Ten noorden van 23rd Street begint **Mid-Beach** (kaart 4, F 3/4), dat steeds populairder wordt en inmiddels ook beschikt over een aantal goede hotels. In **North Beach** (kaart 4 E/F 2/3) staat het ene exclusieve hotel naast het andere. Op de stranden gaat het er rustig aan toe, *family friendly* – gefeest wordt hier alleen in de hotelbars. In het noorden van het schiereiland bevinden zich de gemeenschappen **Surfside** (kaart 4, F 2) en **Bal Harbour** (kaart 4, F 2). Beide hebben prachtige stranden en tal van winkelcentra, alsmede een levendige restaurantscene. Hetzelfde geldt voor de via een brug of door Haulover Park bereikbare stad **Sunny Isles Beach** (kaart 7, B 2).

Downtown Miami en Brickell

Tegenover Miami Beach ligt op het vasteland **Downtown Miami** (kaart E–G 3-7), het centrale zakendistrict van de metropool Miami. Zoals de meeste Amerikaanse binnensteden is Downtown een verzameling kantoorwolkenkrabbers; toeristen hebben in dit voetgangersonvriendelijke gebied niets te zoeken. Behalve dan misschien bij de monorailstations vanwaar je door de binnenstad kunt 'zweven'.
Aan de overkant van de Miami River ligt **Brickell** (kaart C/D 5/6). In het jonge, opkomende woon- en entertainmentdistrict wordt momenteel de ene naast de andere woontoren met luxe appartementen gebouwd. De buurt heeft daarnaast een levendige restaurant- en clubscene. De attracties van Downtown zijn vooral winkelcentra als het Brickell City Centre, sportarena's en de parken aan het water. Vanuit Brickell zijn via de Rickenbacker Causeway **Virginia Key**

Wat is waar?

en **Key Biscayne** (kaart 4, E 6-8) te bereiken. Naar deze eilanden met mooie stranden kun je ook prima fietsen.

Ten westen en noorden van Downtown

Rij je vanuit Brickell over SW 8th Street naar het westen, dan kom je ter hoogte van SW 27th Avenue in **Little Havana** (kaart 4, B–D 5/6). Een trip naar Miami is niet compleet zonder een bezoekje aan de Cubaanse wijk met zijn bodega's en straatmarkten. In het noordwesten grenst **Overtown** (kaart 4, B–E 2-5) aan de binnenstad. Deze voorheen levendige wijk, voornamelijk bewoond door Afro-Amerikanen, is in de jaren 70 ernstig in verval geraakt en nog niet wedergeboren zoals talloze andere stadsdelen in de laatste jaren. Een voorbeeld van een recente renaissance is Miami's nieuwste hippe wijk **Wynwood** (kaart 4, D 4/5). Het industriegebied werd in de laatste tien jaar getransformeerd tot een kunstwijk met galeries en coole cafés, restaurants en bars. Ten noorden van Interstate 195 ligt het door een projectontwikkelaar getekende nieuwe **Design District** (kaart 4, D 4) met exclusieve design- en modezaken. De immigranten die **Little Haiti** (kaart 4, D 1-4) bevolken, hebben hun levenswijze meegenomen van hun thuiseiland en delen die graag met bezoekers.

Ten zuiden van Downtown

Coral Gables (kaart 4, B/C 6-8) is een exclusieve woonwijk die in de jaren 20 door George Merrick werd ontworpen als mediterrane stad. Met de Miracle Mile beschikt de stad nu over een hoogwaardig winkeldistrict. Het naburige **Coconut Grove** (kaart 4, B–D 6-8), een voormalige hippiekolonie, is beduidend relaxter. Het publiek is jonger en de restaurants en cafés gezelliger en goedkoper.

Key West en de Everglades

Ten zuiden van Miami ligt een ongeveer 200 km lange keten van eilandjes, de **Florida Keys**, tot diep in het Caribisch gebied. De eilanden zijn met elkaar verbonden door een weg en een spoortraject. Het laatste eiland, **Key West** (kaart 6, A 8), moet je absoluut bezoeken. Het plaatsje aan het eind van de Verenigde Staten is een dromerig toeristenstadje met een oude jachthaven en vooral talloze restaurants en nog meer kroegen – blijf er dus vooral slapen! Op de terugweg naar Miami zijn de **Everglades** (kaart 6, A–H 2-6) de grote trekpleister. Het nationale park is een van de belangrijkste natuurgebieden van de Verenigde Staten. Het duizenden vierkante kilometers grote moerasgebied is beschermd en grotendeels onaangetast. Tijdens wandelingen en boottochten kun je genieten van het unieke ecosysteem met mangroves, alligators, kraanvogels en een eindeloze lucht.

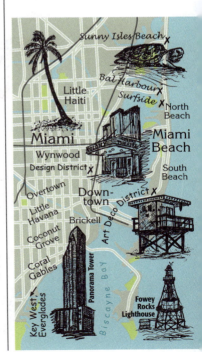

Kodakmoment

Stranden met kleur

South Beach in Miami Beach is meer dan alleen zand, zon en zee, het is een way of life – een catwalk vol mooie mensen, een plek van vrijheid en uitbundigheid, een oase van elegantie. Kenmerkend zijn de lifeguardtorentjes, die na de verwoestingen door orkaan Andrew in 1992 door kunstenaars en architecten werden opgeknapt in art-decostijl. Ze verbinden het strand met de architectuur en kleuren van Ocean Drive.

Creatieve hotspot

Overal in de cafés en kroegen van het Wynwood District voel je de scheppende geest en de creatieve vitaliteit van een nieuwe generatie. Het voormalige pakhuisdistrict is een bolwerk van streetart en biedt een vruchtbare voedingsbodem voor vrije geesten en de culturele sector. In Wynwood heerst de opwindende sfeer van de digitale bohemiens en de kosmopolitische jonge creatieven van het nieuwe Miami.

Leven onder de blote hemel

Of het nu aan het strand is, langs Ocean Drive of in de parken – in Miami wordt 'open-air' geleefd. Zo ook in Soundscape Park bij het New World Center in South Beach. De symfonieconcerten die binnen in de hypermoderne zaal worden gegeven, worden live uitgezonden op een groot scherm in het park. Zo kun je in een relaxte sfeer onder de sterren genieten van een klassiek topconcert of, op concertloze avonden, van een filmklassieker.

Het kompas van Miami

 # 1

Pastelkleurig paradijs – **art deco in South Beach**

Elke filmfan zal de hotels en villa's aan Ocean Drive meteen herkennen. Zachte pasteltinten en gebogen lijnen, gestileerde flamingo's en neonletters ademen dat typische Miami-sfeertje, waarmee de wijk altijd al voorbestemd was voor een filmcarrière.

Zalmroze of turquoise – details en volledige gevels zijn gehuld in pasteltinten. Het op Leonard Horowitz terug te voeren kleurenschema stamt uit de jaren 80, toen de vervallen art-decogebouwen werden gerenoveerd.

De art-decohotels op Ocean Drive en tot aan Washington Avenue zijn alle gebouwd van halverwege de jaren 20 tot medio jaren 30. Het was de gouden tijd van Miami Beach – de high society van de oostkust had het eiland net ontdekt als vakantiebestemming. De rum vloeide ondanks de drooglegging ongehinderd vanuit Cuba naar Florida – met dank aan de maffia – en Al Capone

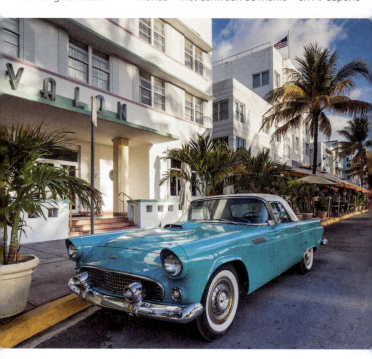

Art deco in South Beach #1

zorgde er met illegale casino's in de achterkamers van de luxehotels voor dat de *rich and famous* hun geld konden stukslaan. Nergens anders werd zo uitbundig gefeest als hier.

Abrupt einde aan de roaring twenties

Miami Beach dankt zijn uniforme bouwstijl aan een dramatische gebeurtenis: hurricane Andrew in 1926. De orkaan verwoestte South Beach, waar tot dan voornamelijk gebouwd was in de stijl van Italiaanse villa's *(mediterranean revival style)*, praktisch compleet. Hoe verschrikkelijk de natuurramp ook was, hij zorgde wel voor een architecturale renaissance. De projectontwikkelaars kozen voor de op dat moment modernste bouwstijl. Pas een jaar eerder was op de Exposition Internationale des Arts Décoratifs et Industriels Modernes in Parijs de nieuwe bouw- en designstijl art deco gepresenteerd – een variatie op de beaux-artsstijl. Deze zou de architectuur in de Verenigde Staten jarenlang domineren.

Strijd tegen sloop

Tussen 5th en 23rd Street staan zo'n achthonderd art-decogebouwen, de beroemdste ervan op een oppervlakte van slechts 1 km². Je kunt je wandeling het beste beginnen bij het **Art Deco Welcome Center** 1. Behalve allerlei informatie vind je hier ook een klein museum over onder andere de historie van art deco in Miami. Het bezoekerscentrum wordt uitgebaat door de Miami Design Preservation League, die in 1976 werd opgericht door Barbara Baer Capitman (▶ blz. 81). Dit burgerinitiatief vocht voor het behoud van art-decogebouwen die in de jaren 60 en begin jaren 70 zouden worden gesloopt. Speculanten hadden hun ogen al op de grond eronder laten vallen; ze wilden er enorme hotels op bouwen.

The Ocean Rescue Headquarters 2 (1934), hoofdkantoor van de lifeguards, is een goed voorbeeld van *nautical deco*: Met zijn patrijspoorten en relingen lijkt het gebouw op een oceaanstomer.

Gebouwde lichtheid

Op Ocean Drive tussen 7th en 15th Street rijgen de art-decohotels zich aaneen. De gebouwen stralen een architectonische lichtheid uit, die je meteen in de vakantiestemming brengt. Toch

In 1939 kocht Al Capone, net ontslagen uit Alcatraz, voor $ 40.000 een villa in mediterranean-revivalstijl op het bij Miami Beach behorende **Palm Island**. Het landgoed, waar Capone in 1947 op 48-jarige leeftijd overleed, is tegenwoordig een film- en fotolocatie (www.93palm.com).

Handigheidjes als hoekramen zorgen voor veel lichtinval.

▶ **INFORMATIE**

In het Art Deco Welcome Center kun je terecht voor plattegronden, wandelroutes en **audioguides**. Er worden ook **rondleidingen** door de wijk gegeven (dag. 10.30, do. ook 18.30 uur, $ 25, boeken via www.mdpl.org/tours).

#1 **Art deco in South Beach**

Villa Casa Casuarina 4 is geen art deco, maar is gebouwd in mediterranean-revivalstijl. Toch is het pand, tegenwoordig een luxehotel, een van de grote attracties van Ocean Drive. Hier woonde modekoning Gianni Versace tot hij op die ongelukkige dag in juli 1997 voor de deur werd neergeschoten.

Tijdens het Art Deco Weekend in januari staat South Beach op z'n kop (www.artdecoweekend. com).

The Webster 🔒 opende in 2009 in een art-decomeesterwerk van Henry Hohauser. Behalve creaties van onder meer Yves Saint Laurent en Balenciaga toont eigenaar Laure Hériard Dubreuil hier sinds 2017 ook haar eigen collectie.

zijn ze zelden speels, maar eerder streng symmetrisch, zoals bijvoorbeeld **Hotel Breakwater** 3 (940 Ocean Dr.). De horizontaal gestroomlijnde accenten op de gevel – *streamline moderne* heet deze stijlvariant – heeft architect Anton Skislewicz afgekeken bij auto-ontwerpen, waar dit soort elementen de aerodynamica ten goede zouden komen. Zo weerspiegelt deze bouwstijl ook de fascinatie met technologie van die tijd. Na het invallen van de duisternis licht, geflankeerd door kleurrijke verticale neonbuizen, de hotelnaam groots op op de centrale toren. In neonletters natuurlijk – typisch art deco à la Miami Beach.

De allereerste scène van *Miami Vice*
The Tides 5 (1220 Ocean Dr.) is de enige art-decowolkenkrabber op Ocean Drive. Hij is ontworpen door L. Murray Dixon, die zoals veel van zijn in Miami Beach actieve collega's geen architectuurstudie had afgerond. Hij déed het gewoon – en met scucces, want Dixon werd na zijn eerste ontwerp voor talloze andere projecten gevraagd.

In **The Carlyle** 6 (1250 Ocean Dr.), waarvan de gevel een typisch voorbeeld is van de voor art deco belangrijke regel van derden, werden scènes van *Scarface* (1983) met Al Pacino gedraaid. Het hotel diende ook als decor voor onder andere *Bad Boys 2* en *Birdcage* en schreef televisiegeschiedenis: de allereerste scène van *Miami Vice* speelt zich af voor The Carlyle.

Het pas in 1940 gebouwde hotel **The McAlpin** 7 (1424 Ocean Dr.) is met zijn kleurstelling en strikte symmetrie misschien wel het beste voorbeeld van 'Miami Deco'.

Voorbij Ocean Drive neemt het aantal opmerkelijke art-decogebouwen af. Wel is het de moeite even een blik te werpen op het **U.S. Post Office** 8 (1937) op Washington Avenue (hoek 13th St.). De muurschildering *Episodes from the History of Florida* bij de entree laat de geschiedenis van de Seminole-indianen zien. Het is een werk uit de tijd van de economische crisis, toen de overheid kunstenaars en architecten 'bezighield' met overheidsopdrachten.

Kunstig vanbinnen en vanbuiten
Collins Avenue, die Miami Beach in noord-zuidrichting doorkruist, is genoemd naar John S.

Art deco in South Beach #1

INFO EN OPENINGSTIJDEN
Art Deco Welcome Center 1: 1001 Ocean Dr./hoek 10th St., tel. 305 531 3484, www.artdecowelcomecenter.com, www.mdpl.org, dag. 9-17 (do. tot 19) uur; **museum:** di.-zo. 10-17 uur (do. tot 19 uur); **Official Art Deco Gift Shop:** dag. 9.30-19 uur.
The Bass Museum of Art 9: 2100 Collins Ave., tel. 305 673 7530, www.thebass.org, wo.-ma. 10-17 uur, $ 10, ▶ blz. 78.
The Wolfsonian-FIU 10: 1001 Washington Ave., tel. 305 531 1001, www.wolfsonian.org, ma., di., do., za. 10-18, vr. 10-21, zo. 12-18 uur, $ 12.

ETEN EN DRINKEN
Puerto Sagua 1: 700 Collins Ave., tel. 305 673 1115, puertosagua.restaurantwebexpert.com, dag. 7.30-2 uur. Cubaanse keuken sinds 1968 (▶ blz. 96).

WINKELEN
The Webster 1: 1220 Collins Ave., tel. 305 674 7899, www.thewebster.us, ma.-za. 11-20, zo. 12-19 uur.

Uitneembare kaart 2, B–D 1-6 | **Bus** 120, 150 Washington Ave. & 9th St., SoBe Local 123

Collins (1837-1928), een boer die een van de grondleggers van de stad werd. Aan hem was bijvoorbeeld de eerste brug tussen Miami en Miami Beach te danken. Aan het eind van de jaren 20 kwam men op het idee hem te eren met een bibliotheekgebouw – getekend door zijn neef, architect Russell Pancoast. Diens ontwerp werd een van de eerste en belangrijkste art-decogebouwen van de stad. In het enorme pand is sinds 1964 kunstmuseum **The Bass** 9 gevestigd (▶ blz. 78).

Een ander museum in een art-decogewaad is **The Wolfsonian-FIU** 10, dat hoort bij de Florida International University (FIU). In het gebouw sloegen rijke noorderlingen in de jaren 20 voor ze naar huis gingen hun alleen in Miami benodigde spullen op. Mitchell Wolfson kocht het pand in 1986 om zijn enorme collectie reclame, propaganda en alledaagse objecten uit de 19e en 20e eeuw onder te brengen. Heb je geen tijd het museum te bezoeken, bekijk dan op zijn minst even de art-decofontein in de hal.

Na een $ 6,5 miljoen kostende verbouwing heeft het in 1935 als bioscoop geopende Colony Theatre 11 *weer zijn oude art-decoglans. Hier vinden nu onder meer muziek-, theater- en comedy-avonden plaats (1040 Lincoln Rd., tel. 305 674 1040, www.colonymb.org).*

Non-stop beachparty – strandleven en clubs in Miami Beach

South Beach is meer dan een geografische aanduiding. South Beach – of SoBe, zoals de locals zeggen – is een lifestyle. Het strand en de restaurants, de clubs en bars, de modellen en beroemdheden – ze komen allemaal bij elkaar in een feest dat nooit eindigt.

Van het leven genieten op z'n Miami Beach' – altijd sporten, altijd fit blijven, maar ook eindeloos feesten!

Een goed begin van een dagje South Beach is een kop koffie in het beroemde **News Cafe** ❶, waar Gianni Versace elke ochtend een Italiaanse krant kwam lezen en tot op de dag van vandaag lectuur uit de hele wereld te koop is. Na een ontbijtje ga je lekker naar het strand. Nou ja, dat is makkelijker gezegd dan gedaan, want eerst moet je beslissen wélk strand! Miami Beach is ongeveer 16 km lang

Strandleven en clubs in Miami Beach #2

en de diverse stranden verschillen nogal van karakter. Er zijn feeststranden, surfstranden, naaktstranden, homostranden, familiestranden ...

Zon, zand, zee

Het levendigste stukje strand is dat in het midden van South Beach, **Lummus Park Beach** 1. Hier kun je opvallende strandwachtershuisjes *(Lifeguard Towers)* in art-decokleuren bewonderen, lijken de hele dag volleybaltoernooien plaats te vinden en flirten lokale mooiboys met toeristes. Het hierop in het noorden aansluitende deel tussen 21st en 45th Street, waar South Beach overgaat in Mid-Beach, grenst aan de exclusieve hoteltorens en beachclubs. Het is hier wat rustiger, minder wild. Tussen 46th en 63rd Street wordt het strand voornamelijk bevolkt door families die logeren in een van de nabijgelegen appartementencomplexen. Hier is het eveneens heel rustig, maar ben je wel erg ver weg van de restaurants en boetieks van South Beach.

Je kunt Miami Beach goed leren kennen met een **Citi Bike**. Hiermee kun je prima van strand naar strand fietsen.
Op Ocean Drive staan talloze verhuurstations (www.citibikemiami.com, blz. 112). Je kunt natuurlijk ook geheel in stijl een beachcruiser huren bij **Fritz's** 1.

The party never stops

Dé reden om naar Miami Beach te komen is voor de meeste bezoekers natuurlijk feesten. En daarvoor hoef je zeker niet te wachten tot het donker is. Er zijn in Miami Beach elke dag tientallen beachparty's. De populairste en luidruchtigste is die van **Mango's Tropical Cafe**, een Latijns-Amerikaanse dansclub op Ocean Drive, waar de salsamuziek nooit verstomt en de sangria altijd blijft stromen.

Locals houden meer van de nog sexyer *dance party* van **Broken Shaker** 2, een kleine cocktailbar op 28th Street. Aan het art-decozwembad worden tropische drankjes gemixt en schudden de nauwelijks bedekte heupen en billen al in de vroege namiddag.

Exclusiever en nog een tandje heter gaat het eraan toe in **Nikki Beach Club** aan de zuidpunt van South Beach, een dependance van een populaire beachclub in Marbella. Hier begint het feest al om tien uur 's morgens en gaat het door tot vijf uur de volgende ochtend – even tukken op het strand en je kunt meteen weer door ...

Harde werker of poseur? Strandwacht bij een van de 31 Lifeguard Towers in Miami Beach.

Cubaanse hapjes

Voor een paar hapjes tussendoor kun je de extreem dure zaken op Ocean Drive zelf links laten liggen. Loop iets verder door en je kunt in alle

#2 Strandleven en clubs in Miami Beach

Voor je je in het nachtleven stort, geniet je tijdens happy hour met een cocktail in je hand van de zonsondergang. Populair zijn **Barceloneta** ✺, **Monty's** ✺ en **Meat Market** ✺. Ook hiervoor moet je je al netjes aankleden – in de coole bars zijn shorts en slippers uit den boze.

rust uitstekend en voordelig(er) eten. Bijvoorbeeld bij het Cubaanse **Puerto Sagua** ❷, het *All American* **Big Pink** ❸, biorestaurant **DIRT** ❹, waar veel beroemdheden komen voor ze zich in het nachtleven storten, en **Orange Blossom** ❺, met Floridiaanse specialiteiten.

Modellen en megaclubs

In de megaclubs gaan de deuren vaak pas tegen middernacht open, al begint het pas echt te swingen om een uur of twee – om daar tot het ochtendgloren niet meer mee te stoppen. Er wordt house en electrodance gespeeld door beroemde dj's als Calvin Harris en David Guetta. Het publiek varieert afhankelijk van de club van beroemdheden als Kim Kardashian, Jennifer Lopez en Vin Diesel tot allerlei grote namen uit de modewereld en natuurlijk groupies – al staan die, net als de toeristen, meestal mijlenver van de vipruimtes waar de sterren zich ophouden.

De superclub bij uitstek is **LIV** ✺. Zo'n beetje elke Hollywood-discoscène in Miami is hier opgenomen. Hier stikt het eveneens van de beroemdheden – het is voor de gewone man/vrouw lastig binnenkomen. Een stuk eenvoudiger is dat bij het relaxte en voornamelijk, maar niet alleen maar homoseksuele **Twist** ✺. Hip is ook **Basement** ✺ in de kelder van een oud art-decohotel. De sfeer en muziek komen uit de discotijdperk en ben je even klaar met dansen, dan kun je een rondje bowlen op de inpandige baan. De **STORY Nightclub** ✺ is het kleine broertje van LIV, eveneens met top-dj's, maar met een iets relaxter sfeer en goedkopere drankjes.

Altijd een feestje: op het strand, onder de palmen, tot het ochtendgloren.

→ OM DE HOEK

Benieuwd hoe de high society in Miami Beach slaapt en feest? Bezoek dan het **Faena Hotel** ❷, Miami Beach' nieuwe super-de-luxehotel, waar een kamer je minstens duizend dollar kost – en dan heb je een kleintje. Het maakt onderdeel uit van een complex van zeven gebouwen die een slordige miljard euro hebben gekost. Tot het door Rem Koolhaas' OMA ontworpen ensemble behoren verder het **Faena Art Center**, met onder meer de kunstcollectie van de Argentijnse eigenaar Alan Faena en congrescentrum **Faena Forum**.

Strandleven en clubs in Miami Beach #2

INFORMATIE
Faena Hotel ❷: 3205 Collins Ave., tel. 305 538 8800, www.faena.com/miami-beach.

ETEN EN DRINKEN
News Cafe ❶: 800 Ocean Dr., tel. 305 538 6397, www.newscafe.com, 24/7.
Puerto Sagua ❷: 700 Collins Ave., tel. 305 673 1115, puertosagua.restaurantwebexpert.com, dag. 7.30-2 uur, ▶ blz. 96.
Big Pink ❸: 157 Collins Ave., tel. 305 531 0888, www.mylesrestaurantgroup.com, ma.-wo. 8-24, do.-zo. 8-2 uur, ▶ blz. 92.
DIRT ❹: 232 5th St., tel. 305 763 8548, www.dirteatclean.com, ma.-vr. 10-16, za., zo. 9-21 uur.
Orange Blossom ❺: 2000 Collins Ave., tel. 305 763 8983, www.orangeblossommiami.com, dag. 7.30-23 uur, ▶ blz. 95.

UITGAAN
Mango's Tropical Cafe ❶: 900 Ocean Dr., tel. 305 673 4422, www.mangos.com, ma.-vr. 11.45-5, za., zo. 11-5 uur.
The Broken Shaker ❷: 2727 Indian Creek Dr., tel. 305 531 2727, www.freehandhotels.com/miami/broken-shaker, dag. 14-3 uur.
Nikki Beach Club ❸: 1 Ocean Dr., tel. 305 538 1111, www.nikkibeach.com/miami-beach, dag. tot 5 uur.
Barceloneta ❹: 1400 20th St., tel. 305 538 9299, www.barcelonetarestaurant.com, zo.-do. 12-23, vr., za. 16-24 uur. Tapas, cocktails en zeezicht.
Monty's ❺: 300 Alton Rd., tel. 305 672 1148, www.montyssobe.com, zo.-do. 11.30-22, vr. 11.30-24, za. 11.30–23 uur.
Meat Market ❻: 915 Lincoln Rd., tel. 305 532 0088, www.meatmarket.net/locations/miami-beach, dag. 12-24 uur.
LIV ❼: 4441 Collins Ave., tel. 305 674 4680, www.livnightclub.com, dag. 23-5 uur, ▶ blz. 109.
Twist ❽: 1057 Washington Ave., tel. 305 538 9478, www.twistsobe.com, dag. 13-5 uur.
Basement ❾: 2901 Collins Ave., tel. 786 641 7119, www.basementmiami.com, dag. 17-2, wo., vr., za. 5 uur, ▶ blz. 108.
STORY Nightclub ❿: 136 Collins Ave., tel. 305 479 4426, www.storymiami.com, do.-za. 23-5 uur, ▶ blz. 109.

BIKES EN BOARDS
Fritz's ❶: 1620 Washington Ave., tel. 305 532 1954, www.fritzsmiamibeach.com, dag. 9-22 uur.

Uitneembare kaart 4, E/F 4/5 | **Bus** 120, 150: Washington Ave. & 9th St.; SoBe Local 123

#3

Van het strand naar de topdesigners – **Surfside, Bal Harbour en Sunny Isles Beach**

In het noorden van Miami Beach, voorbij 72nd Street, maakt de drukte van Collins Avenue plaats voor een aantal wolkenkrabbers met appartementen. Daarachter liggen de misschien wel mooiste stranden van het eiland. Veel bezoekers van dit deel van Miami Beach komen echter voor iets heel anders dan de zon en de zee – je kunt hier fantastisch shoppen!

In de megamalls in de strandplaatsen ten noorden van Miami Beach is een glas bubbels nooit ver weg – ook niet tijdens het shoe shopping.

Tussen 88th en 96th Street kun je een mijl lang genieten van stranden met het fijnste zand en absolute rust. Naar dit deel van de kust, dat hoort bij **Surfside**, komen mensen die geen zin hebben

Surfside, Bal Harbour en Sunny Isles Beach #3

in het schreeuwerige gedoe van South Beach en gewoon willen genieten van de zon en de zee. Door de duinen slingert een rustig, schaduwrijk pad dat ideaal is voor een wandeling of een ritje op de beachcruiser.

Shoppen en eten

Alles in het circa zesduizend inwoners tellende Surfside mag dan wel om het strand draaien, dat wil niet zeggen dat er verder niets te beleven is. In de parallel aan Collins Avenue lopende Harding Avenue bevinden zich tal van chique boetieks, juweliers en dure kapperszaken die helemaal zijn ingespeeld op de behoeftes van de welgestelde cliëntele. Maar 's avonds ontvouwt Harding Avenue zijn volledige charme pas echt – dan komen de boulevard en de straatcafés tot leven.

Gratis vliegshow op het strand van Surfside.

Het plaatselijke restaurantaanbod maakt bezoeken aan verschillende delen van de wereld mogelijk. Zo kun je bij **Josh's Deli** ❶ kennismaken met de Joodse keuken of in de **Backyard BBQ** ❷ eveneens koosjere grillgerechten eten. Bij **Cafe Ragazzi** ❸ kun je terecht voor Italiaanse klassiekers en bij **Sushi Republic** ❹ voor Japanse visspecialiteiten.

Drie mannen, één visie

De sfeer van luxe en rust zet zich voort richting het noorden, waar **Bal Harbour** (ca. 2600 inw.) grenst aan Surfside. De kleine enclave aan de noordpunt van het schiereiland bestaat voornamelijk uit luxehotels en net zo upscale appartementencomplexen. Luxueus wonen was precies wat entrepreneur Robert Graham en zijn partners Carl Fisher en Walter O. Briggs voor ogen hadden toen ze vanaf 1929 hun visie ontwikkelden op de bebouwing van het stuk land tussen de baai en de Atlantische Oceaan. Het duurde echter tot na de Tweede Wereldoorlog voor het dorp volledig opbloeide – het ene na het andere hotel werd uit de grond gestampt.

In Surfside zie je langs 93rd Street dertien door lokale kunstenaars gecreëerde schildpadsculpturen. Hiermee proberen ze de zeeschildpad onder de aandacht te brengen – een in Zuid-Florida bedreigde diersoort. Tussen mei en oktober nesten de Loggerhead-schildpadden op het strand van Surfside. Bewoners en bezoekers wordt gevraagd de dieren en hun nesten te respecteren.

Net als het strand in Surfside is dat van Bal Harbour heel erg schoon en goed verzorgd. Je kunt er heerlijk door de duinen wandelen en in het noorden over de ver in zee uitstekende pier lopen.

Veel meer dan Surfside is Bal Harbour echter de plek voor luxueus winkelen en gastronomisch dineren in chique restaurants. De eerste plek

#3 Surfside, Bal Harbour en Sunny Isles Beach

Mode bij de beesten af – etalagedecoratie in de Bal Harbour Shops.

waar bezitters van een *platinum card* heen gaan, is shoppingmall **Bal Harbour Shops**. Hier vind je boetieks van internationale topdesigners als Gucci, Chanel en Dior, maar ook kleine, originele prêt-à-porterzaakjes. Even bijkomen van het passen kun je bij de Franse bistro **Le Zoo** of bij **Makoto** van sterrenchef Makoto Okuwa, die al op zijn vijftiende in de leer ging bij diverse sushi-grootmeesters. Wil je alleen een kop koffie drinken en inspiratie opdoen voor de rest van je *shopping spree*, dan kun je met een modemagazine in je hand in het café van boekhandel **Books & Books** gaan zitten.

De eigenaar van de onafhankelijke boekwinkels **Books & Books**, Mitchell Kaplan, is een bezig baasje. Zo stond hij aan de basis van de gerenommeerde boekenbeurs Miami Book Fair International (www.miamibookfair.com) en wijdt hij zich als coproducent aan de verfilming van tal van romans.

Natuurlijk tegenwicht

Ten noorden van Bal Harbour voert Collins Avenue, hier ook **Gold Coast Highway** genoemd, via een brug over een zee-engte naar het vasteland. Na circa 4 km kun je links via weer een brug naar **Oleta River State Park**, een circa 4 km² groot beschermd natuurgebied. Hier kun je door het moeras wandelen, fietsen, met een kano of kajak over de Oleta River varen en het dichte mangrovebos bekijken. Je ziet pelikanen, visarenden en met een beetje geluk zelfs dolfijnen en zeekoeien.

Surfside, Bal Harbour en Sunny Isles Beach #3

Waar is dat strand nou?

Het in 1920 door een particuliere investeerder gestichte **Sunny Isles Beach**, tegenwoordig een stad met 21.000 inwoners, geldt als 'de Rivièra van Zuid-Florida'. De kust is volgebouwd met appartementencomplexen en hotels, waardoor het lastig kan zijn op het strand te komen. Maar op een aantal plekken zie je tussen de opritten naar de hotels doorgangetjes, bijvoorbeeld bij 174th en 192th Street (let op de helaas wat kleine bordjes met een roze parasol en 'beach access').

In Haulover Park 2 ten noorden van Bal Harbour vind je tientallen kilometers wit zand, eindeloze duinen en bovendien uitstekende surfgolven. Hier ligt ook een groot naaktstrand.

Ook zonder een dure kamer te boeken, kun je op een hotelterras genieten van het uitzicht, een cocktail of een lunch. Bijvoorbeeld bij het **Caracol Restaurant** 7 van het Marenas Beach Resort, dat (Latijns-)Amerikaanse specialiteiten serveert.

INFO EN OPENINGSTIJDEN
Oleta State Park 1: 3400 NE 163rd St., tel. 305 919 1846, www.floridastateparks.org/park/oleta-river, dag. 8 uur tot zonsondergang, $ 6 per auto.

WINKELEN
Bal Harbour Shops : 9700 Collins Ave., www.balharbourshops.com, dag. 10-21 uur, ▶ blz. 102.

ETEN EN DRINKEN
Josh's Deli 1: 9517 Harding Ave., tel. 305 397 8494, www.joshsdeli.com, dag. 8.30-3 uur.
Backyard BBQ 2: 9460 Harding Ave. tel. 305 763 8818, www.backyardmiami.com, zo.-do. 12-23, vr. 12-15 uur.
Cafe Ragazzi 3: 9500 Harding Ave., tel. 305 866 4495, www.caferagazzi.com, dag. 11.30-23.30 uur.
Sushi Republic 4: 9583 Harding Ave., tel. 305 867 8036, www.sushirepublic.net, ma. 17-22.30, di.-vr. 12-15, 17-22.30, za. 17-22.30, zo. 17-22 uur.
Le Zoo 5: 9700 Collins Ave., tel. 305 602 9663, www.lezoo.com, ma.-vr. 11.30-23, za., zo. 11-23 uur.
Makato 6: 9700 Collins Ave., tel. 305 864 8600, www.makotorestaurant.me, dag. 11.30-16, do.-zo. 16-11 uur.
Caracol Restaurant 7: 18683 Collins Ave., tel. 305 503 6000, www.marenasresortmiami, dag. 7-23 uur.

Uitneembare kaart 4, E/F 1-3 | Bus 120: Collins Ave. & 90th St.; Collins Ave. & 192nd St.

Caribisch Miami – **Little Haiti**

Lawaaierige straatmarkten waar rietsuiker en mango's worden verkocht, kleine zaakjes met voodoomemorabilia en geurkaarsen, cafés waaruit de geur van exotische gerechten en Caribische klanken naar buiten zweven – 'klein Haïti' is een geheel andere wereld aan de rand van Downtown.

Naast kunst, muziek en theater wordt in Little Haiti ook de Caribische carnavalscultuur met zijn kleurrijke pracht levend gehouden en doorgegeven aan de volgende generatie.

Little Haiti is na Little Havana de grootste homogene immigrantenwijk van Miami. Sinds de machtsovername van dictator 'Papa Doc' Duvalier in Haïti aan het eind van de jaren 60 stroomden steeds nieuwe vluchtelingengolven van het land naar Noord-Amerika – voor het laatst na de aardbeving van 2010 en de overstromingen in 2017. In Little Haiti vonden ze een veilig thuis, vooral nadat de Amerikaanse regering het hen na de

ramp in 2010 makkelijker maakte in de Verenigde Staten te blijven. Sinds Donald Trump aan de macht kwam, is het leven voor veel Haïtianen een stuk lastiger geworden. Trump hief de bescherming op die president Obama ze verleende. In de hele VS worden nu zo'n zestigduizend Haïtianen met uitzetting bedreigd, hoewel de omstandigheden in Haïti nog steeds chaotisch zijn. De in Cuba geboren burgemeester van Miami-Dade County, Carlos A. Giménez, heeft ondanks massale protesten van de bevolking verklaard dat hij zal meewerken aan Trumps beleid.

Bijeenkomsten met dans en drums

Voorlopig is de oase in Miami echter nog intact en biedt ze je de mogelijkheid op authentieke wijze de Afro-Caribische cultuur mee te maken. Begin je verkenning in het hart van de wijk, het **Little Haiti Cultural Center** 1 op NE 2nd Avenue, de hoofdstraat van Little Haiti. In het centrum bevinden zich een markt waar je Haïtiaanse kunst en kunstnijverheid kunt kopen en een galerie die in wisselende tentoonstellingen werk toont van zowel lokale als in het buitenland wonende Haïtiaanse kunstenaars. Het aangesloten Proscenium Theatre is een podium voor professionele gezelschappen, maar er wordt ook veelvuldig amateurtoneel geprogrammeerd. Binnen het enorme aanbod van het centrum – van lezingen en concerten tot vernissages en cursussen – is vooral **Big Night in Little Haiti** in de binnentuin interessant voor buitenstaanders. Dit elke derde vrijdag van de maand gehouden evenement is een Caribische totaalbeleving. Afro-Caribische trommels klinken, dansgroepen en plaatselijke bands treden op en je kunt proeven van vaak heerlijke exotische gerechten.

Een ontmoetingsplaats van de locals is boekhandel **Libreri Mapou** 🛈. Hier staan niet alleen zo'n drieduizend boeken in het Frans, Creools en Engels, maar zie je ook schilderijen en beeldhouwwerken van Haïtiaanse kunstenaars. Daarnaast zijn er regelmatig dans- en drumuitvoeringen en lezingen van de eigenaar Jon Mapou.

Haïtiaanse proeverijen

De beste manier om Little Haiti te ervaren, is via het eten. Bijna nergens in Noord-Amerika heb

In Little Haiti bevindt zich een hele rits 'Botanica Shops', zoals Toute Divisions Botanica. Ze verkopen allerlei voodoospullen – maar zeker geen met naalden doorboorde poppen. De West-Afrikaanse voodooreligie is in Haïti vermengd met het katholicisme; in de winkeltjes vind je beeldjes van christelijke heiligen naast de loa genoemde voodoogoden, maar ook wierookstokjes en dergelijke.

#4 Little Haiti

Boekwinkel, ontmoetingsplaats en cultureel centrum – Libreri Mapou.

Voor de Haïtianen in de jaren 70 naar Miami kwamen, was het huidige gebied van Little Haiti een Afro-Amerikaanse arbeiderswijk. De verhouding tussen de twee bevolkingsgroepen is tot op de dag van vandaag deels gespannen. Toen Little Haiti in 2016 officieel als wijknaam werd erkend, werd geprotesteerd voor het herstel van de veel oudere stadsdeelnaam Lemon City. Deze gaat immers terug tot de citroenplantages van de 19e eeuw waarop de Afro-Amerikanen destijds slavenarbeid verrichten. De meeste arme zwarte Amerikanen wonen tegenwoordig overigens in Overtown.

je zo veel mogelijkheden om te proeven van de authentieke Caribische kookkunsten als in Miami. De restaurants met Haïtiaanse keuken liggen voor een deel verscholen in de wijk, maar ze zijn stuk voor stuk de zoektocht waard.

Het populairste Haïtiaanse restaurant van de stad is zonder twijfel **Chez Le Bebe** ❶. Op vrijdagavond staat voor de deur een flinke rij. Hier zou je moeten zijn voor de beste *griot*, een stevige varkensstoofpot – en dat al sinds 1980.

Chef Creole ❷ van Ken Wilkinson staat daarentegen bekend om zijn zeevruchten. De Creoolse gamba's zijn een aanrader, net als de kreeftenstaart met bakbanaan in Wilkinsons huisgemaakte 'pikliz'-saus, een smakelijke compositie van gemarineerde en ingelegde groenten.

De **B & M Market & Roti Shop** ❸ is eigenlijk een Caribische markt. Maar in het achterste deel van het familiebedrijf worden verse – en supergoedkope – Caribische gerechten 'to-go' verkocht, die je ook kunt opeten aan een van de paar eenvoudige tafeltjes. Bepaald geen chique belevenis, maar wel uniek en heerlijk.

Niet Haïtiaans, maar authentiek Jamaicaans is **Clive's Cafe** ❹ in het hart van Little Haiti. Hier worden op open vuur Caribische standaardgerechten als gemarineerde *jerk chicken* en

Little Haiti #4

geitstoofpot bereid. Zoals in de meeste zaakjes in Little Haiti kom je in Clive's Cafe nauwelijks toeristen tegen.

Jazz en reggae

Als je wat meer te weten wilt komen over de muziekscene van Little Haiti is er geen betere plek dan **Sweat Records** 2. Dit is overigens ook een van de laatste winkels in Miami waar je nog langspeelplaten kunt kopen. De zaak fungeert tevens als café, klein concertpodium en ontmoetingsplek van de Caribische gemeenschap en lokale muzikanten.

In **Churchill's Pub** heb je voor een paar dollar een geweldige avond met klassieke jazz, Caribische klanken of alternatieve rock. Daarbij drink je een biertje, speel je een potje pool en leer je 'Little Haitians' van allerlei pluimage kennen.

INFO EN OPENINGSTIJDEN
Little Haiti Cultural Center 1: 212-260 NE 59th Terrace, tel. 305 960 2969, www.littlehaiticulturalcenter.com, ma.-vr. 10-21, za. 10-16 uur.

ETEN EN DRINKEN
Chez Le Bebe 1: 114 NE 54th St., tel. 305 751 7639, dag. 8-23 uur.
Chef Creole 2: 200 NW 54th St., tel. 305 754 2223, www.chefcreole.com, dag. 11-23 uur.
B & M Market & Roti Shop 3: 219 NE 79th St., tel. 305 757 2889, www.bmmarketmiami.com, dag. 9.30-20 uur.
Clive's Cafe 4: 5890 NW 2nd Ave., tel. 305 757 6512, www.clivescafe.com, ma.-za. 7.30-21 uur.

WINKELEN
Libreri Mapou 1: 5919 NE 2nd Ave., tel. 305 757 9922, www.mapoubooks.com, ma.-za. 10-18, zo. 10-12 uur.
Sweat Records 2: 5505 NE 2nd Ave., tel. 786 693 9309, www.sweatrecordsmiami.com, dag. 10-22, zo. 10-17 uur.

Toute Divisions Botanica 3: 135 NE 54th St., tel. 786 306 2960, dag. 10-20 uur, ▶ blz. 33.

UITGAAN
Churchill's Pub: 5501 NE 2nd Ave., tel. 305 757 1807, www.churchillspub.com, dag. 17-5 uur.

Uitneembare kaart 4, D/E 3/4 | Bus 9, 10: NE 2nd Ave. & 59th Terr.

#5

Kooplust, concerten en kunst in Downtown – **Design District**

Exclusieve winkels, kunst met een grote K, chique restaurants – het nog jonge Design District in het noorden van Downtown, tussen NE 36th Street en NE 41st Street, is de belichaming van de nieuwe kosmopolitische identiteit van de stad. Het is niet groot, maar het lag wel aan de wieg van de wedergeboorte van de stad in de laatste vijftien jaar.

Letterlijk toonaangevend zijn in het Design District local darlings Gloria en haar dochter Emily Estefan (foto). Palm Court is een openluchtpodium voor allerlei artiesten, zelfs voor het Miami Symphony Orchestra.

Wat Wynwood is voor jonge, aanstormende creatievelingen, is het Design District voor de gerenommeerde smaakmakers van Miami. Al in de jaren 20, tijdens de eerste grote *boom* van de stad, bevonden zich in deze omgeving veel meubel- en interieurwinkels. In de jaren 80 raakte het stadsdeel

Design District #5

echter ernstig in verval. Het tij keerde toen projectontwikkelaar Craig Robins, die ook al aan de basis lag van de revitalisatie van South Beach, de wijk herontdekte.

Premium stadsontwikkeling

Robins klopte aan bij de internationale interieurwereld en wist grote namen als de Italiaanse designers Ornare, Oggetti en Versace Home naar de wijk te lokken. In hun kielzog kwamen er meer en binnen no-time was het Design District hét winkelgebied van de elite van Miami, op zoek naar smaakvolle meubels en accessoires voor hun villa in Belle Isle of penthouse in Brickell. Robins wilde zijn klanten meer bieden dan alleen topdesign. Het district moest een totaalbelevenis worden met unieke winkels, topgastronomie en highbrow kunst.

Oud bouwwerk met een nieuwe impuls: Elastika van Zaha Hadid in het Moore-gebouw.

Meteen op **Palm Court** 1, het centrale plein van de wijk, zie je een kunstwerk van Buckminster Fuller: de 7 m hoge **Fly's Eye Dome.** Het eerste ontwerp voor het op het oog van een vlieg geïnspireerde werk – een visie op het wonen van de toekomst – ontstond al in 1965. De sculptuur voor het Palm Court-winkelcentrum is een replica met moderne materialen.

De tussen de galerijen gespannen structuren binnen in het gerenoveerde **Moore Building** 2 (3841 NE 2nd Ave.), een mooie evenementenlocatie, lijken wel uitgerekte stukken kauwgom. *Elastika* heet dit werk van de in 2016 in Miami overleden Britse architect Zaha Hadid. In het in 1921 gebouwde complex bevindt zich een interieurwinkel van de hippe New Yorkse designer **Jonathan Adler** (www.jonathanadler.com). Het **Institute of Contemporary Art (ICA)** 3, dat tijdelijk ook in dit gebouw te vinden was, is in 2017 verhuisd naar een nieuw, door de Spaanse architecten Aranguren+Gallegos ontworpen onderkomen met een indrukwekkende metalen gevel en een beeldentuin. Je kunt hier nu op een oppervlakte van 11.000 m² gratis hedendaagse kunst bekijken.

Alle wegen leiden naar kunst

Verdeeld over de wijk ligt een zestigtal galeries voor hedendaagse kunst, die tijdens de kunstbeurs Art Basel Miami Beach een tweede epicentrum zijn naast South Beach. Populair zijn

Kunstenaar Oliver Sanchez ziet zijn galerie **Swampspace** 4 als ontmoetingsplaats van mensen die kunst op waarde weten te schatten. Omdat hij een grote studio had, vroegen collega's hem vaak of ze daar mochten exposeren. Zo werd hij een galeriehouder – intussen met nieuwe ruimtes (vernissages en evenementen, zie www. swampspace.blogspot. com).

#5 Design District

INFO EN OPENINGSTIJDEN

www.miamidesigndistrict.net: overzicht van galeries, winkels, bars enz.
DesignMiami: dec., gerenommeerde designbeurs met interessante lezingen, www.designmiami.com.
Institute of Contemporary Art (ICA Miami) 3: 61 NE 41st St., tel. 305 901 5272, www.icamiami.org, di.-za. 11-19 uur, toegang gratis, ▶ blz. 79.
Swampspace 4: 3940 N Miami Ave., tel. 305 710 8631, www.swampspace.blogspot.com.
Markowicz Fine Art 5: 110 NE 40th St., tel. 786 615 8158, www.markowiczfineart.com.

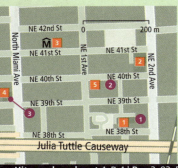

ETEN EN DRINKEN

Estefan Kitchen 1: 140 NE 39th St., tel. 786 843 3880, www.estefankitchen.com, dag. 11.30-24 uur.
Michael's Genuine Food & Drink 2: 130 NE 40th St., tel. 305 573 5550, www.michaelsgenuine.com, ma.-za. vanaf 11.30, zo. vanaf 11 uur, ▶ blz. 91.
Harry's Pizzeria 3: 3918 N Miami Ave., tel. 786 275 4963, www.harryspizzeria.com, zo.-do. 11.30-22, vr., za. 11.30-24 uur.

Uitneembare kaart 4, D 4 | **Bus** 3, 93: Biscayne Blvd. & NE 36th St.

onder meer **Swampspace 4** van Oliver Sanchez, met werk van lokale kunstenaars en **Markowicz Fine Art 5** van de Franse Bernard Markowicz, die onder anderen Damien Hirst en Fernando Botero vertegenwoordigt.

Beroemdheden spotten in restaurants

Paradijselijke omstandigheden voor fashionistas: langs NE 39th en NE 40th Street rijgen de outlets van alle belangrijke internationale merken zich aaneen – van Louis Vuitton en Harry Winston tot Céline. 'Het Fifth Avenue van het zuiden' wordt deze omgeving weleens genoemd. En de restaurantscene is al net zo modieus – *celebs included*. **Estefan Kitchen 1** is natuurlijk een must. De Cubaanse klassieker met een moderne touch viert de eetcultuur van het thuisland van popster Gloria Estefan en haar echtgenoot Emilio, de eigenaren van het restaurant. Maar de chef-kok die het Design District op de gastronomische kaart heeft gezet is Michael Schwartz. Zijn **Michael's Genuine Food & Drink 2** is nog steeds the place to be. Wil je goedkoper van zijn kunsten proeven, ga dan naar Schwartz' andere zaak, **Harry's Pizzeria 3**.

In het Design District zijn niet alleen de boetieks mooi.

Met kleur tot leven gewekt – **Wynwood Art District**

6

Het maakt niet uit van welke kant je op Wynwood komt aanrijden, je kunt de wijk niet missen. Midden in een postindustrieel landschap vol met graffiti bekladde sloperijen en armoedige huisjes duikt ineens een kleurrijk vierkant met streetart en ultracoole galeries op, die barst van creatieve energie.

Dat dit zo zou exploderen, had echt niemand verwacht. Het begon ermee dat in het sombere stadsdeel Wynwood zes gebouwen werden vrijgegeven voor graffiti. Streetartkunstenaars transformeerden de kale gevels in krachtige kunstwerken, de Wynwood Walls, kiemcellen van het tegenwoordig tot ver over de grenzen van

De streetart in Wynwood heeft de kunstscene van de stad nieuwe energie gegeven. De enorme gevels zonder ramen van de pakhuizen vormen een perfect 'doek' voor de meesters van deze straatkunst.

#6 Wynwood Art District

Miami bekende Wynwood Art District. Met hun niet te stuiten creatieve honger namen spuiters en schilders – onder wie een aantal in de scene beroemde namen als Haas & Hahn en Swoon – gebouw na gebouw onder handen, ook buiten de toegekende 'Walls'. En zo ontstond een gigantische openluchtgalerie.

Muurschilderingen met een boodschap

De **Wynwood Walls** 1 zijn nog steeds het centrum van de wijk. Een van de eerste kunstenaars die hier tekeerging, was Shepard Fairey. Zelfs als zijn naam je niets zegt, ken je zijn werk: de Obama-poster met 'Hope' erop uit 2008. Voor de Walls maakte de politiek geëngageerde street artist in 2009 onder andere een portret van Aung San Suu Kyi, de oppositieleider uit Myanmar die destijds onder huisarrest stond – een duidelijke boodschap. Fairey is tevens een van de mede-oprichters van restaurant **Wynwood Kitchen & Bar** 1. De Japanse Aiko maakte in 2009 een door Japanse houtsnijkunst geïnsipreerde muurschildering *Champions*, die ze in 2013 vernieuwde.

Deel van een muurschildering van Miss Van. De in 1973 geboren kunstenares komt uit het Franse Toulouse, waar ze op achttienjarige leeftijd haar eerste streetart creëerde. Ze werd bekend met haar 'poppen', erotische vrouwelijke wezens die allerlei emoties uitdrukten. Zoals veel street artists wisselt Miss Van (echte naam Vanessa Alice Bensimon) regelmatig van discipline en genre.

Bij de Wynwood Walls horen ook een café en een galerie, de **Wynwood Walls Shop**, waar je onder meer T-shirts en kunstobjecten kunt kopen. Je kunt hier ook terecht voor informatie over de Wynwood Walls, de **Wynwood Doors** (2010) en de **Wynwood Garden** (2015), waar nog meer muurschilderingen te zien zijn.

Verandering is de enige constante

Street artists zien het tegenwoordig als een grote eer om met werk vertegenwoordigd te zijn op de Wynwood Walls of een andere plek in de wijk. Daarbij geldt dat het begrip 'voor altijd' bepaald niet bij Wynwood past. Het district is constant in beweging. Elk jaar in december geeft Art Basel Miami Beach de streetart en tegenwoordig circa zeventig galeries in Wynwood een extra duwtje in de rug. Mede-initiatoren van de kunstbeurs waren Mera en Don Rubell. De New Yorkers waren een van de eerste galeriehouders die zich in Wynwood vestigden – ze kochten hier al in 1993 een pakhuis. De Rubells waren goed bevriend met Keith Haring, wiens werk ze verzamelden en via wie ze inmiddels talloze beroemde kunstenaars tot hun vriendenkring mogen rekenen. De **Rubell Family Collection** 2 is een van de belangrijkste collecties van hedendaagse kunst ter wereld en behelst werk van onder anderen Jean-Michel Basquiat en Ai Weiwei. Om voor de troepen uit te blijven lopen, verhuist de galerie eind 2019 naar het Allapattah District.

The Margulies Collection at the Warehouse 3 staat eveneens in het teken van hedendaagse kunst. De tentoonstellingen worden begeleid door aansprekende, maar zeker niet elitaire evenementen.

Hoe alles begon

Vastgoedontwikkelaar David Lombardi had Wynwood al een tijdje in de gaten gehouden in verband met de nabijheid tot Downtown voordat hij aan het begin van de eeuw zijn eerste kavels in het vervallen district veiligstelde. Wat was het beste perspectief voor Wynwood, vroeg hij zich af. Een bezoek aan een vernissage in een door jonge, experimentele kunstenaars gerunde galerie in de buurt was uiteindelijk doorslaggevend: de visie van een 'living/working artistic community' liet hem niet meer los. Hij kocht steeds meer gebouwen op en verhuurde ze voor een vriendenprijsje aan kunstenaars en galeriehouders. Dat bleek precies de gelegenheid waarop ze hadden gewacht. Tijdens de 'Roving Fridays', wandelingen door de wijk, bracht Lombardi kunstenaars en galeriehouders samen met liefhebbers.

Er was nog iemand die warmliep voor Wynwood, Tony Goldman, die al wijken in New York City en Miami Beach gerevitaliseerd had. Vanaf 2005 kocht hij twintig industriële gebouwen in Wynwood op. Een aantal ervan liet hij in 2009 beschilderen door streetart-kunstenaars uit de hele wereld – de geboorte van de Wynwood Walls.

→ **OM DE HOEK**

Drie kunstenaars uit Miami durfden het met hun non-profitgalerie **Locust Projects** 4 al in 1998 aan zich in het Wynwood District te vestigen. In hun huidige expositieruimten net buiten het gebied kun je experimentele hedendaagse kunst zien. Spannend is ook de galerie **Pan American Art Projects** 5 in Little Haiti, die een brug wil slaan naar de Latijns-Amerikaanse kunstscene.

Elke tweede zaterdag van de maand openen de galeries en andere culturele instellingen tussen 19 en 23 uur hun deuren in het kader van de **Wynwood Art Walk.** De straten fleuren op met muziek en dans, foodtrucks verkopen allerlei heerlijkheden en alle bars zitten stampvol (www.wynwoodartwalk.info).

Streetart in uitvoering. Curator Jeffrey Deitch (www.deitch.com) stond 'A Museum of the Streets' voor ogen toen hij in 2009 met de Wynwood Walls begon.

#6 Wynwood Art District

Toprestaurants als **Alter** ❹ en **KYU** ❺ lokken 's avonds foodies naar Wynwood. Dat geldt ook voor de vele bars. Een van de hotspots is de **Concrete Beach Brewery** ✱ met zelfgebrouwen bier en een biertuin.

Werken en chillen

Wynwood is tegenwoordig veel meer dan alleen een kunstwijk, het is het thuis van Miami's bohemiens. Veel jonge creatieven werken bij **Panther Coffee** ❷ de hele dag aan hun start-upideeën of designconcepten. Een populaire ontmoetingsplaats is **The Wynwood Yard** ❻, waar je in de openlucht zit – voor een hapje in en drankje zorgen de foodtrucks eromheen. 's Avonds wordt de Yard getransformeerd tot club of bar met livemuziek, bijvoorbeeld tijdens Reggae Sunday (www.thewynwoodyard.com). Al net zo multifunctioneel is **Coyo Taco** ❸: overdag een populaire tacotent, na zonsondergang een club met housemuziek en Caribische drumbeats.

INFO EN OPENINGSTIJDEN

Wynwood Walls ❶: 2520 NW 2nd Ave., www.thewynwoodwalls.com, ma.-do. 10.30-23.30, vr., za. tot 24, zo. tot 20 uur, toegang gratis; **Wynwood Walls Shop**: ▶ blz. 101.
Rubell Family Collection/Contemporary Arts Foundation ❷: 95 NW 29th St., tel. 305 573 6090, www.rfc.museum, wo.-za. 10-17.30 uur, $ 10.
The Margulies Collection at the Warehouse ❸: 591 NW 27th St., tel. 305 576 1051, www.margulieswarehouse.com, di.-za. 11-16 uur, $ 10.
Locust Projects ❹: 3852 North Miami Ave., tel. 305 576 8570, www.locustprojects.org, di.-za. 11-17 uur.

Pan American Art Projects ❺: 6300 NW 2nd Ave., tel. 305 751 2550, www.panamericanart.com, di.-vr. 10-18, za. 12-18 uur.

ETEN EN DRINKEN

Wynwood Kitchen & Bar ❶: 2550 NW 2nd Ave., tel. 305 722 8959, www.wynwoodkitchenandbar.com, ma.-za. 11.30-15.30, 17.30-22.30, do.-za. langer, zo. 11.30-16.30 uur, ▶ blz. 93.
Panther Coffee ❷: 2390 NW 2nd Ave., tel. 305 677 3952, www.panthercoffee.com, dag. 7-21 uur.
Coyo Taco ❸: 2300 NW 2nd Ave., tel. 305 573 8228, www.coyo-taco.com/wynwood, ma.-za. 11-3, zo. 11-23 uur, ▶ blz. 92.
Alter ❹: 223 NW 23rd St., www.altermiami.com, di.-zo. 19-23 uur, ▶ blz. 91.
KYU ❺: 251 NW 25th St., tel. 786 577 0150, www.kyumiami.com, ma.-za. 12–23.30, zo. 11-22.30 uur, ▶ blz. 94.

UITGAAN

Concrete Beach Brewery ✱: 325 NW 24th St., tel. 305 796 2727, www.concretebeachbrewery.com, zo.-do. 12-24, vr., za. 12-2 uur.

Uitneembare kaart 4, D 4/5 | **Bus** 2: NE 2nd Ave. & NE 29 St.

Business, bars en hightechmusea – **Downtown Miami**

7

De binnenstad van Miami is op het eerste gezicht afstandelijk en onaantrekkelijk. Van enig leven is tussen de kantoortorens nauwelijks sprake. Alleen in de parken aan de baai zoals Museum Park en Bayfront Park kun je je onder de mensen begeven. Die flaneren, joggen en picknicken aan het water.

Je kunt je tegenwoordig zonder angst in het centrum van Miami wagen. Dat was twee decennia geleden nog heel anders: zoals veel Amerikaanse *inner cities* was Downtown Miami halverwege de jaren 90 volledig vervallen en behoorlijk crimineel. Maar in de laatste jaren werd het gebied tussen SW 11th Street in het zuiden en Interstate 395 in

Bril opzetten en een blik werpen op kunst uit de 20e en 21e eeuw. Het Pérez Art Museum maakt in zijn exposities gebruik van de nieuwste technologische presentatiemogelijkheden.

#7 Downtown Miami

Drie theaters, sunset pool, fitnessruimten, yoga- en pilateslessen, working spaces, cafés, bars, kinderparadijs en speciale hondenruimte – en ja, je kunt in de Panorama Tower ook nog gewoon wonen.

Downtown Miami is bepaald geen geschikte wandelwijk. Dat heeft overigens vooral te maken met de temperatuur, die ook in de winter vaak zweetopwekkend hoog is. Beter is het met de auto te gaan en te parkeren in een van de vele garages. Een aardig alternatief is de volautomatische magneetzweefbaan **Metromover**. Winkelen kun je het beste op Miami's oude hoofdstraat **Flagler Street**, waar warenhuizen als **Macy's** 🛍 de dienst uitmaken.

het noorden grondig gesaneerd en inmiddels is Downtown zelfs weer geliefd als woonwijk. Het beste bewijs daarvan levert het **Brickell District** ten zuiden van de Miami River. In de laatste tien jaar zijn daar tientallen moderne wolkenkrabbers uit de grond gestampt. Ze zetten de oude skyline vol kantoortorens, die Downtown sinds de art-decotijd kenmerkt, in de schaduw. Een van die nieuwe *super skyscrapers* van Brickell is de **Panorama Tower** 1. Het in 2017 geopende gebouw is met 265 m op dit moment (zomer 2018) het hoogste gebouw van Miami.

Met zo veel dynamiek is het niet gek dat het gebied inmiddels ook een chique uitgaanswijk is geworden. Tot de belangrijkste attracties behoren nieuwe shoppingmalls als het spectaculaire **Brickell City Centre** 2 en **Mary Brickell Village** 3. Dat deze winkelcentra, waarin Amerikanen vaak de hele middag doorbrengen en waarin ze 's avonds ook uitgaan, van zo'n hoog niveau zijn, zegt alles over de wedergeboorte van Downtown Miami.

Hangende kunst en tuinen

Downtown Miami is ook de belangrijkste kunstwijk van de stad. De meeste bezienswaardigheden zijn direct aan het water te vinden in het **Museum Park**.

In het hypermoderne **Pérez Art Museum** 4 staat hedendaagse kunst centraal. In de collectie zit werk van na-oorlogse kunstenaars als Dan Flavin en James Rosenquist. Er wordt verder veel aandacht besteed aan multimediale en Latijns-Amerikaanse kunst. Interactieve installaties, films en virtual reality zorgen voor een unieke kijk op de collectie. Het museumgebouw werd ontworpen door het gerenommeerde Zwitserse architectenbureau Herzog & deMeuron, dat ook verantwoordelijk was voor het Londense Tate Modern. De zee en de tropische vegetatie van de omgeving werden in het ontwerp opgenomen en zorgen – samen met de hangende tuinen aan de gevel – voor een unieke symbiose met de kunst.

Vanaf het terras van museumrestaurant **Verde** 1 heb je een prachtig uitzicht op zee. De geserveerde gerechten zijn minstens zo kunstig als de exposities – heb je ooit pompoenbloesempizza gegeten? Het is overigens ook een topplek voor een zondagse brunch.

Downtown Miami #7

INFO EN OPENINGSTIJDEN

Brickell City Centre 2: 701 S Miami Ave., tel. 305 350 9922, www.brickellcitycentre.com, dag. 10-21.30 uur, ▶ blz. 102.

Mary Brickell Village 3: 901 S Miami Ave., www.marybrickellvillage.com, dag. tot 21 uur, restaurants langer, ▶ blz. 103.

Pérez Art Museum 4: 1103 Biscayne Blvd., tel. 305 375 3000, www.pamm.org, vr.-di. 10-18, do. 10-21 uur, $ 16.

Phillip and Patricia Frost Museum of Science 5: 1101 Biscayne Blvd., tel. 305 434 9600, www.frostscience.org, dag. 9.30-17.30 uur, $ 29.

Freedom Tower 9: 600 Biscayne Blvd., tel. 305 237 7700, www.mdcmoad.org, wo.-vr., zo. 13-18, za. 13-20 uur, $ 12.

HistoryMiami Museum 10: 101 W Flagler St., tel. 305 375 1492, www.historymiami.org/museum, di.-za. 10-17, zo. 12-17 uur, $ 10.

ETEN EN DRINKEN

Verde 1: in het Pérez Art Museum, tel. 305 375 8282, www.pamm.org/dining, 11-21 uur, hoofdgerechten vanaf $ 12. Lichte gastronomische keuken. Voor een snelle hap in de Bayside Marketplace kun je het beste naar **Café Con Leche** 2. Hier kun je uitstekende koffie krijgen en Cubaanse snacks zoals empanadas.

Dé culinaire trend in Downtown zijn de hotelrestaurants, want daar koken de sterrenchefs. Een magneet is **15th & Vine Kitchen and Bar** 3 in het W Hotel (485 Brickell Ave., tel. 305 503 4400, www.wmiamihotel.com, ▶ blz. 94). Voor de Latijns-Amerikaanse keuken ga je naar **Toro Toro** 4 in het Intercontinental Miami (100 Chopin Plaza, tel. 305 372 4710, www.torotoromiami.com).

UITGAAN

Een goede plek om de avond in te luiden is **Mary Brickell Village** 3, waar de locals elkaar ontmoeten voor een cocktail na het werk. Een goed alternatief is een sundowner in bar **Area 31** 1 op het dak van het Epic Hotel (270 Biscayne Blvd., www.area31restaurant.com, ▶ blz. 105). Een hippe club is onder andere **Club Space** 2 (34 NE 11th St., www.clubspace.com, ▶ blz. 108)

WINKELEN

Macy's 1: 22 East Flagler St., tel. 305 577 1500, www.macys.com, ma., di., do. 10-18, wo., vr., za. 10-20, zo. 11-18 uur.

Bayside Marketplace 2: 401 Biscayne Blvd., tel. 305 577 3344, www.baysidemarketplace.com, ma.-do. 10-22, vr., za., 10-23, zo. 11-21 uur, ▶ blz. 102.

Uitneembare kaart: D–F 4-7 | **Metromover:** onder andere Brickell, Bayfront Park, Government Center

#7 Downtown Miami

In het **HistoryMiami Museum** 10 kun je je volledig onderdompelen in de geschiedenis van Miami. Het museum organiseert ook stadsrondleidingen te voet, per boot en per fiets (www.historymiami.org).

Wind en water

Niet minder spectaculair is het naburige **Phillip and Patricia Frost Museum of Science** 5, geschonken door de gelijknamige farmaceutische miljardairs. Vanuit Biscayne Boulevard word je begroet door de globe van het 3D-planetarium, het gigantische **Aquarium** grenst aan zee. Je duikt hier bijna letterlijk in een kleurrijke zeefauna. Tot het waterlandschap, dat wordt bewoond door onder meer hamerhaaien en pijlstaartroggen, hoort ook een levendig koraalrif.

Een van de nieuwste aanwinsten is het 62 verdiepingen tellende appartementencomplex **One Thousand Museum** 6 van Zaha Hadid – tussen andere wolkenkrabbers.

Met zijn futuristische decor is het Museum Park een populaire evenementenlocatie. Het beroemde Ultra Music Festival in maart wordt onder andere hier gehouden. (▶ blz. 106).

Zonnegroet uit Bayfront

Voorbij de sport- en evenementenlocatie **American Airlines Arena** 7 ligt in een kleine baai de **Bayside Marketplace** 2. Het is een openluchtmall, rommelmarkt, concertpodium en jachthaven in één. Een perfecte plek om een sandwich te kopen, in de zon te gaan zitten en half naar een bandje luisterend te lunchen.

In **Bayfront Park** 8 zijn zowel Miamians als toeristen te vinden. Ze joggen er, picknicken of zitten gewoon lekker op een bankje te genieten van de zeebries. In de vroege ochtend en tijdens zonsondergang kun je hier ontspannen met een gratis yogaklasje en met een zonnegroet jezelf vinden (www.bayfrontparkmiami.com, ▶ blz. 85).

Na een paar yogaoefeningen in Bayfront Park voel je je als herboren.

Cubaanse diaspora

De **Freedom Tower** 9 was in de jaren 60 de plek waar tienduizenden Cubaanse vluchtelingen aankwamen en werden gedocumenteerd. Tegenwoordig bevindt zich hier het **Miami Dade College Museum of Art and Design.** Een bezoek aan het museum is alleen al de moeite waard vanwege de permanente tentoonstelling over de Cubaanse diaspora sinds het aantreden van Fidel Castro. De voornamelijk uit foto's bestaande expositie geeft een ontroerend inzicht in het leven van de Cubaanse ballingen.

Salsa, samba en sigaren – **Little Havana**

\# 8

Little Havana is het hart van Latijns-Amerikaans Miami – hier heeft het leven het ritme van een mambo en de smaak van een handgerolde sigaar. De woonwijk strekt zich uit over een flink aantal vierkante kilometers rond Downtown. Maar het spirituele en culturele centrum van de Miamiaanse latinogemeenschap is tot op de dag van vandaag de Calle Ocho.

Bijna 70 procent van de inwoners van Miami heeft Latijns-Amerikaans bloed – de metropool is door en door *hispanic*. Dat merk je op talloze manieren in het dagelijks leven van de hele stad – maar natuurlijk in het bijzonder in de klassieke immigrantenwijk Little Havana.

In het Máximo Gómez Park spelen Cubaanse bannelingen het spel van hun leven: domino. Het verbindt ze met Cuba, hun verlaten thuis. Net als daar kent de passie voor het spel ook in Little Havana geen grenzen.

#8 Little Havana

De laatste jaren werd de toestroom van Cubanen ruimschoots overtroffen door de grote aantallen immigranten uit andere Latijns-Amerikaanse landen als Venezuela en Colombia. Ook zij komen naar de Calle Ocho om hun moedertaal te spreken en een snufje van thuis te proeven. Zo is Little Havana inmiddels een multiculturele latinowijk.

De eerste van de vele vluchtelingen vestigden zich na de Castro-revolutie in de jaren 60 in de wijk Riverside. In de vijftien jaar na de afzetting van de Cubaanse president Fulgencio Batista in 1959 groeiden hun aantallen snel. Tot halverwege de jaren 70 waren het er een half miljoen. De inmiddels meer dan een miljoen Cubanen in Groot-Miami hebben tegenwoordig aanzienlijke politieke en sociale invloed.

Een straat vol heimwee

De Cubaanse bannelingen uit de jaren 60 en 70 wilden in hun nieuwe thuis een stukje herscheppen van Havana, de stad die ze zo goed kenden en waar ze zo veel van hielden – het Havana van vóór het communisme. Dat is het beste te zien op de **Calle Ocho**, het stuk **SW 8th Street** tussen 14th en 17th Avenue. Sigarenfabrieken verspreiden Cubaanse geuren, *cafecitos* verkopen café cortado en Cubaanse zoetigheid en in de markthallen creëert een combinatie van ambachtslieden en allerlei snuisterijen de illusie van een Cubaanse rommelmarkt. Dat je je hier bevindt in een Latijns-Amerikaanse enclave, is ook te merken aan het dagritme: in de voormiddag is het op de Calle Ocho een drukte van belang. Daarna is het tijd voor de siësta, waaruit de wijk weer ontwaakt wanneer de hete zon ondergaat en de nacht begint.

Domino-effect in het park

Begin de dag met een ontbijtje, bijvoorbeeld in de **Yisell Bakery** ❶ op de Calle Ocho, waar je zowel lekkere *pastelitos de guayaba* (guavegebak) als hartige hapjes als empanadas kunt bestellen, vanzelfsprekend met een heerlijke *café con leche*. Of in de **Arahis Bakery** ❷, waar je eveneens terechtkunt voor een authentiek Cubaans ontbijt met naar zeggen de sterkste koffie van Miami.

Vanhier maak je een wandeling naar het **Máximo Gómez Park** of het **Domino Park** ❶, het eigenlijke centrum van Little Havana. Voornamelijk oudere mannen zitten hier al om 9 uur 's ochtends domino te spelen, sigaren te roken en (nog steeds) over Fidel Castro te klagen. Aan de rand staan lange banken voor toeschouwers; kinderen spelen, vrouwen roddelen. Bij de in-

Je hóéft ze niet te roken – toekijken hoe ze worden gemaakt, is ook leuk. Bij **El Titan de Bronze** 🛈 kun je zien hoe de verschillende soorten sigaren met de hand worden gerold (1071 SW 8th St., www.eltitancigars.com, dag. 9-17 uur).

Vitamines en de laatste roddels zijn schijnbaar prima te combineren – Los Pinareños Fruteria zit elke middag bomvol.

gang van het park herinnert een monument aan de Cubaanse vrijheidsstrijders, die in 1961 om het leven kwamen bij de mislukte poging hun thuisland op Castro terug te veroveren. Wil je hier meer over weten, dan kun je naar het nabijgelegen **Bay of Pigs Museum** 2. Zin in iets anders dan sterke koffie, bestel dan een *guarapo*, versgeperst suikerrietsap (mierzoet!) op de fruitmarkt **Los Pinareños Fruteria** bij de ingang van het park.

Niet ver van het park begint de **Calle Ocho Walk of Fame** of **Paseo de las Estrellas** 3. Hier zijn de sterren van de Cubaanse bannelingen vereeuwigd, onder wie zangeres Gloria Estefan, bokser Roberto Duran en de in Little Havana wereldberoemde radiopresentatrice Martha Flores.

Het Cubaocho Museum & Performing Arts Center 4 is een ontmoetingsplaats van Cubaanse kunstenaars, intellectuelen en muzikanten. In het culturele centrum bevinden zich verder een klein historisch museum en de collectie van kunstenaar Roberto Ramos, eveneens een banneling. 's Avonds kun je debatten en optredens bijwonen of gewoon relaxed in het café zitten met een welverdiend glaasje rum.

Dansen waar ooit Billie Holiday zong

De Calle Ocho komt pas laat op de avond echt tot leven. Dan kun je hier heerlijk de nacht wegdan-

Bijzonder heet gaat het er op de Calle Ocho elke laatste vrijdag van de maand aan toe tijdens de **Viernes Cultural** (culturele vrijdag). Restaurants en kroegen hebben standjes op straat, overal klinkt muziek en de wijk viert een groots straatfeest. Van een heel andere orde van grootte is het **Festival de la Calle Ocho** met meer dan een miljoen bezoekers. Dit vindt in maart plaats en wordt gekenmerkt door muziek, dans en een enorm culinair aanbod.

#8 Little Havana

Dansen in Little Havana.

sen op exotische ritmes. **Hoy Como Ayer** ⭐ staat bekend om live salsa- en latin-funk. In de **Ball & Chain** ⭐, dat al sinds 1935 op deze plek staat, wordt op het podium in de weelderige achtertuin tot de vroege uurtjes latin jazz gespeeld. De locatie heeft een roemrijke historie, die dateert van lang voor de Cubaanse immigranten. Hier speelden in de jaren 30 en 40 zwarte jazzsterren als Billie Holiday en Count Basie, nadat ze hun optredens voor een 'chiquer' publiek in Miami Beach achter de rug hadden.

INFO EN OPENINGSTIJDEN

Little Havana Welcome Center: 1442 SW 8th St., tel. 305 643 5500, di., wo. 11-16 uur.
Bay of Pigs Museum 2: 1821 SW 9th St., tel. 305 649 4719, www.bayofpigs 2506.com, ma.-vr. 9-16 uur.
Cubaocho Museum & Performing Arts Center 4: 1465 SW 8th St., # 106, tel. 305 285 5880, www.cubaocho.com, di.-za. 11-15 (di. tot 22, do. tot 23) uur.

ETEN EN DRINKEN

Yisell Bakery 1: 1356 SW 8th St., tel. 305 856 8141, ma.-za. 6-19, zo. 7-18 uur.
Arahis Bakery 2: 745 SW 8th St., tel. 305 854 8000, dag. vanaf 5 uur.

De authentiekste Cubaanse gerechten eet je bij **El Rey de las Fritas** 3, al sinds 1978 een instituut op de Calle Ocho. 'Frita' is een Cubaanse sandwich met gebraden rundergehakt, varkensvlees en worst. Niemand maakt ze beter dan El Rey, de koning (1821 SW 8th St., tel. 305 644 6054, www.elreydelasfritas.com, ma.-zo. 8-22 uur). Traditioneel Cubaans is ook de specialiteit van **El Exquisito** 4, bijvoorbeeld palomilasteak (1510 SW 8th St., tel. 305 643 0227, www.elexquisito miami.com, 7-23 uur, ▶ blz. 96). Het populairste Cubaanse restaurant van Miami, vooral voor een brunch in het weekend, is **Versailles** 5. De Cubaanse sandwiches zijn hier net zo goed als de kip- en vleesgerechten (3555 SW 8th St., tel. 305 444 0240, www.versaillesrestau rant.com, ma.-do. 8-1, vr., za. 8-2.30, zo. 9-1 uur, ▶ blz. 97). Overigens: als je voor 21 uur naar een restaurant in Little Havana gaat, zul je geen local tegenkomen, alleen toeristen.

UITGAAN

Hoy Como Ayer ⭐: 2212 SW 8th St., tel. 305 541 2631, www.hoycomoayer. us, di.-za. 20.30-4 uur, ▶ blz. 107.
Ball & Chain ⭐: 1513 SW 8th St., www.ballandchainmiami.com, ma.-wo. 12-24, do.-za. 12-3, zo. 12-1 uur, ▶ blz. 107.

Uitneembare kaart 4, C 5/6 | **Bus** 8: SW 7 St. & SW 16 Ave.; 208: SW 8 St. & SW 15 Ave.

Wat een rust – **Virginia Key en Key Biscayne**

 # 9

Wanneer je over de Rickenbacker Causeway rijdt, merk je het meteen: de eilanden Virginia Key en Key Biscayne hebben een heel ander ritme. Het lawaai en de chaos van Miami en Miami Beach zijn ver weg, hier heerst de rust.

Twee derde van Key Biscayne en het kleinere Virginia Key is beschermd natuurgebied. De eindeloos lange stranden van de eilanden zijn heerlijk stil – beachbars zijn er niet. In plaats van feesten kun je hier wandelen door de duinen of allerlei watersporten beoefenen: zeilen, snorkelen,

Sandcarvers in hun element. Er is op Key Biscayne bouwmateriaal voldoende voor Guinessboekachtige zandsculpturen.

#9 Virginia Key en Key Biscayne

INFO EN OPENINGSTIJDEN
Historic Virginia Key Beach Park 1: www.virginiakeybeachpark.net, dag. 7 uur tot zonsondergang, ma.-vr. $ 5, za., zo. $ 8 per auto.
Miami Seaquarium 2: 4400 Rickenbacker Cwy., tel. 305 361 5705, www.miamiseaquarium.com, dag. 10-18 uur, vanaf $ 45,99.
Marjory Stoneman Douglas Biscayne Nature Center 4: 6747 Crandon Blvd., tel. 305 361 6767, dag. 10-16 uur, www.biscaynenaturecenter.org, rondleiding $ 14.
Bill Baggs Cape Florida State Park 5: 1200 Crandon Blvd., tel. 305 361 5811, www.floridastateparks.org/park/cape-florida, dag. 7 uur tot zonsondergang, $ 8 per auto.

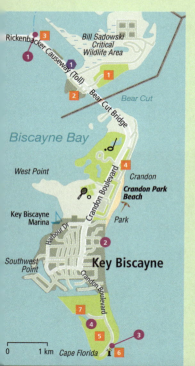

ETEN EN DRINKEN
Rusty Pelican 1: 3201 Rickenbacker Cwy., tel. 305 361 3818, www.therustypelican.com, dag. 11-24 uur.
Dune Burgers on the Beach 2: 455 Grand Bay Dr., tel. 305 365 4500, www.ritzcarlton.com.
Lighthouse Cafe 3: 1200 Crandon Blvd., tel. 305 361 8487, www.lighthouserestaurants.com, dag. 9 uur tot zonsondergang; **Boater's Grill** 4: zelfde adres, tel. 305 361 0080, www.lighthouserestaurants.com, do.-za. 9-22, zo.-wo. 9-20 uur.

ACTIEF
Miami Water Sports 1: 1 Rickenbacker Cwy. en 3300 Rickenbacker Cwy., tel. 305 345 4104, www.miamiwatersports.com. Windsurfuitrusting vanaf $ 50 per uur, stand-up-paddleboards vanaf $ 30 per uur, kajaks vanaf $ 20 per uur.

Uitneembare kaart 4, E 6-8 | **Bus** 102: Rickenbacker Causeway, Miami Seaquarium, Crandon Park, Village of Key Biscayne, Cape Florida State Park

kajakken, surfen, peddelsurfen. Of gewoon in alle rust op het strand liggen en van het leven genieten.

Droomstrand met donker verleden
Wanneer je over de lange brug vanaf het vasteland komt, moet je oppassen dat je de afslag naar **Virginia Key** niet mist. Dat zou zonde zijn! Het kleine eiland 'voor de deur' van Downtown

Virginia Key en Key Biscayne #9

Miami heeft namelijk een 6 km lang droomstrand en een boulevard met picknickplekken. Bovendien voeren er wandel- en fietspaden door de duinen en is er een nostalgische kermis, **Historic Virginia Key Beach Park** 1, met carrousels en een historische minitrein. Dit lunapark stamt uit de tijd dat Virginia Key Beach alleen toegankelijk was voor zwarten. Nadat Afro-Amerikanen in 1947 hadden geprotesteerd dat ze de stranden van Miami niet mochten gebruiken, wees Miami-Dade County Virginia Key aan als *strictly for blacks*. In de jaren 70 werd afvalwater in de buurt van het strand geloosd en raakte het in verval. Pas in 2008 werd het strand gesaneerd en weer geopend – nu voor iedereen.

Balanceren op het board

De belangrijkste bezienswaardigheid van Virginia Key is het **Miami Seaquarium** 2, waar je kunt zwemmen met dolfijnen, pinguïns en zeerobben en veel leert over het ecosysteem van de baai. In het Seaquarium werden halverwege de jaren 60 88 afleveringen van de televisieserie *Flipper* opgenomen. Dierenrechtenactivisten bekritiseren de omstandigheden waaronder sommige zeezoogdieren hier worden gehouden. Vooral het bassin van de orka Lolita wordt beschouwd als erg dieronvriendelijk.

Surfers kunnen op Virginia Key hun lol op. Je huurt alle spullen bij **Miami Water Sports** 1 aan de Rickenbacker Causeway en gaat ermee naar **Hobie Beach** 3. Het kleine strand met uitzicht op de skyline van Downtown is de populairste windsurfplek van Miami. Het water in de baai is zo kalm, dat je er ook zonder veel moeite innerlijke rust kunt vinden op een stand-up-paddleboard.

Vanuit Hobie Beach gezien aan de andere kant van de Causeway ligt **Rusty Pelican** 1, een bij cocktailfans geliefde tent. Mensen uit heel Miami komen hier aan het eind van de werkdag heen om met een blik op Biscayne Bay en de skyline van Downtown te genieten van de zonsondergang.

Stuwkracht van een oudgediende

Even eilandhoppen en je bent al op Key Biscayne. Het 8 km lange en tot 3 km brede eiland was

FIETSEN

Fietsers hebben het in autostad Miami niet makkelijk. Op Virginia Key en Key Biscayne krijgen tweewielers echter alle ruimte. Vrijwilligers hebben op Virginia Key een groot, zeer afwisselend mountainbikeparcours uitgezet (www.mtbproject.com). De route naar de punt van Key Biscayne via de Rickenbacker Causeway (met breed fietspad) is een favoriet van amateurwielrenners. Fietsen zijn onder meer te huur bij het Virginia Key Outdoor Center (www.vkoc.net).

Beschermd paradijs: Crandon Park in het noorden van Key Biscayne.

#9 Virginia Key en Key Biscayne

Key Biscayne was in de jaren 20 van de 19e eeuw onderdeel van een belangrijke vluchtroute voor slaven en Seminole-indianen. Ze scheepten in de nachtelijke mist in op de zuidpunt van het eiland en voeren over de Caribische Zee naar de Bahama's. Key Biscayne wordt dan ook geëerd als onderdeel van de Underground Railroad, het Noord-Amerikaanse netwerk van vluchtroutes voor slaven. Underground Railroad was hun codewoord.

lange tijd één grote kokosnoot- en ananasplantage. Het noordelijke derde van het eiland wordt ingenomen door **Crandon Park**, een beschermd natuurgebied met een 3 km lang strand. In het noordoosten van het park ligt het **Marjory Stoneman Douglas Biscayne Nature Center** 4. Hier kun je via deels interactieve exposities alles te weten komen over het ecosysteem van de duinen en het koraalrif van Key Biscayne. Wil je nog dieper op de ecologische materie van de baai ingaan, dan kun je aansluiten bij een van de *field trips*, tochten met gids over het strand en door de duinen. Het in 1969 uit een zomerkamp voor studenten ontstane natuurcentrum is genoemd naar milieuactivist, auteur en feminist Marjory Stoneman Douglas, die halverwege de jaren 90 nog heftig campagne voerde voor de uitbreiding ervan.

In het plaatsje **Village of Key Biscayne**, op het middelste deel van het eiland, wonen ongeveer 12.500 mensen. Hier vind je onder andere een postkantoor, een boekwinkel, een aantal winkelcentra en restaurants. Voor de lunch is **Dune Burgers on the Beach** 2 een leuke plek. Het restaurant hoort weliswaar bij het Ritz Carlton, maar is zeker niet chic. Dune Burgers is, zoals de naam doet vermoeden, een hamburgertent aan het strand – op de loungebanken onder grote parasols zit je heerlijk!

Zuid-Florida's oudste

Op de zuidpunt van het eiland ligt weer een beschermd natuurgebied, **Bill Baggs Cape Florida State Park** 5. Het 3 km lange strand (waar je kajaks kunt huren) is een van de mooiste van Noord-Amerika. En op dit deel van Key Biscayne is nog een superlatief van toepassing: hier staat het oudste gebouw van Zuid-Florida, vuurtoren **Cape Florida Light** 6. De originele toren werd gebouwd in 1825, de huidige stamt uit 1847. Niet ver hiervandaan gingen in 1513 al Spaanse zeevaarders aan land. Hun leider Ponce de Léon tekende het eiland in op zijn kaart en gaf het de naam Santa Marta. In de buurt van de vuurtoren, die in de jaren 90 uitvoerig werd gerenoveerd, ligt het **Lighthouse Cafe** 3 en iets verder naar het noordwesten de **Boater's Grill** 4, waar je gezellig kunt dineren met uitzicht op de **No Name Harbour** 7.

In het kader van de restauratie in de jaren 90 werd onder andere de metalen constructie van de Cape Florida-vuurtoren hersteld. Op 27 juli 1996 ging het licht eindelijk weer aan.

Dorps karakter en de Caribische way of life – **Coconut Grove**

10

Coconut Grove staat bekend om zijn behoorlijk relaxte sfeer. De wijk aan Biscayne Bay – ooit een nederzetting van Caribische immigranten – heeft zijn dorpse karakter weten te behouden. In de parken, cafés en restaurants voel je een soort hippiesfeer – leven en laten leven is hier het devies.

De skylines van Downtown Miami en Miami Beach liggen op slechts een steenworp afstand, maar toch voelt het op de kruising van Main Highway en Grand Avenue, het centrum van Coconut Grove, alsof je in een totaal andere wereld bent. De kleine huisjes van kalksteen en hout verlenen de nederzetting het uiterlijk van een Caribisch

De volslagen idiote King Mango Strut trekt op de laatste zondag van het jaar mensen met een vreemd gevoel voor humor naar Coconut Grove. De satirische protestmars neemt alles en iedereen op de korrel.

#10 Coconut Grove

De ontstaansgeschiedenis van Coconut Grove gaat terug tot de jaren 20 van de 19e eeuw, toen de vuurtorenwachters van de Cape Florida Light zich hier vestigden. Zestig jaar later ontwikkelde 'The Grove' zich tot de eerste zwarte gemeenschap van Zuid-Florida. Pas in 1925 werd Coconut Grove onderdeel van Miami.

dorp. De levenshouding van de inwoners past daar uitstekend bij. Hier geeft men zich over aan de mooie dingen van het leven – *Life's too short to be stressed all day long*. Het beste dat je kunt doen, is je volledig over te geven aan deze way of life – in de cafés en restaurants en in het prachtige tropische park met uitzicht op de baai kun je prima een hele dag doorbrengen met helemaal niets doen.

Uit niets uit de grond gestampte wijk

Coconut Grove werd in de jaren 80 van de 19e eeuw gesticht door immigranten uit de Bahama's die hierheen kwamen om als bedienden te werken in het Bay View House (1883). Dit stond destijds eenzaam en alleen in de baai. In het later Peacock Inn genoemde etablissement logeerden de eerste *snowbirds*, welvarende gasten uit het noordoosten die in Miami overwinterden. Het hotel zelf bestaat niet meer, maar het landgoed, door de familie aan de stad geschonken, is als **Peacock Park**  tegenwoordig het centrale evenemententerrein van Coconut Grove. Hier vinden bijna elk weekend concerten of festivals plaats zoals Grovetoberfest, Woodystock of het populaire Coconut Grove Arts Festival. De traditie grijpt terug naar de jaren 60 en 70, toen het park een ontmoetingsplaats was voor de hippies van Miami en een soort eeuwigdurend Woodstockfestival.

Het in 1891 gereed gekomen **The Barnacle** (zeepok) is het oudste bewaard gebleven woonhuis van Miami. Het was eigendom van scheepsbouwer Ralph Middleton Munroe die in 1882 naar Miami verhuisde in de hoop dat het klimaat een positieve uitwerking zou hebben op de gezondheid van zijn aan tuberculose lijdende vrouw. Zij overleed echter al een paar maanden na de verhuizing. Een paar jaar later kocht Munroe de grond aan de baai, tegenwoordig **The Barnacle Historic State Park**. Tijdens een rondleiding in The Barnacle kun je een kijkje nemen in de deels door Munroe zelf ontworpen vertrekken, waarin hij woonde met zijn tweede vrouw en hun kinderen. Munroe, die wordt gezien als de grondlegger van Coconut Grove, richtte met zijn neef, schrijver Kirk Munroe, in 1887 de nog steeds bestaande Biscayne Bay Yacht Club op. Munroe's boothuis aan het water is een replica van het oorspronkelijke exemplaar, waarin hij

'Come early and bring a picnic' is het devies wanneer in het Barnacle Historic State Park een voorstelling of concert wordt gegeven. Vooral de Barnacle under Moonlight-concerten zijn populair (www.thebarnacle.org).

een fotolaboratorium had ingericht. Het origineel overleefde de grote orkaan van 1926 niet.

De Bahama's in Florida

Het erfgoed van de Bahamaanse immigranten is te ontdekken op Charles Avenue. Hier staan nog talloze kerken uit de tijd dat de vluchtelingen zich hier vestigden. Bijvoorbeeld de **St. James Baptist Church** 3 en de **United Christian Church of Christ** 4, die hier al staan sinds het eind van de 19e eeuw.

Uit die tijd stamt ook het **Mariah Brown House** 5 (3298 Charles Ave.), de oudste Bahamaanse immigrantenwoning in Coconut Grove. Mariah Brown werkte als dienstmeid in de Peacock Inn. Het huis moet op den duur een monument met museum worden, maar voorlopig ontbreken daarvoor de financiële middelen, net als voor het opknappen van het historische district rond Charles Avenue – het erfgoed van deze bevolkingsgroep wordt helaas verwaarloosd.

Hoewel Coconut Grove tegenwoordig voornamelijk blank is, viert de wijk in juli nog steeds zijn Caribische roots met het kleurrijke, luide straatfeest Goombay Festival (www.goombayfestivalcoconutgrove.com).

Kunstenaars en hippies

Vanaf het midden van de 20e eeuw trok Coconut Grove steeds meer kunstenaars en schrijvers, zoals Tennessee Williams, wiens toneelstuk *A Streetcar Named Desire* in 1956 werd opgevoerd in de **Coconut Grove Playhouse** 6 (sinds 2006 gesloten). Vanaf de jaren 70 werd de wijk het epicentrum van de drop-out- en hippiecultuur. Deze sfeer is heden ten dage nog steeds voelbaar in sommige winkels, die zich hebben gespecialiseerd in op hippiestijl gebaseerde mode. Een voorbeeld daarvan is **Azul** in het twee verdiepingen tellende winkelcentrum **CocoWalk** . Galeries als **Midori** 2 verkopen beeldhouwwerken, textiel en kunst uit Zuidoost-Azië en het Verre Oosten. Ook tijdens de **Fashion + Art + Music Night** (elke eerste zaterdag van de maand van oktober tot april, www.coconutgrove.com/fam) is het sixties wat de klok slaat.

Fantasten en dromers

Coconut Grove was altijd al een speelplaats van fantasten en dromers. Een van hen was de grootindustrieel Charles Deering. Zoals veel andere Amerikaanse ondernemers uit de *Gilded Age* van de industrialisatie zag hij zichzelf graag als een

▶ **KAART**

De **historie van Coconut Grove** bestaat uit talloze spannende verhalen. Een met liefde samengestelde en met detail uitgewerkte plattegrond maakt ze toegankelijk. Je kunt hem downloaden op www.coconutgrove.com > History > Historic Walking Map.

#10 Coconut Grove

Villa Vizcaya is een populair decor voor bruidsfoto's.

Europese aristocraat. Om die reden liet hij vanaf 1914 zijn persoonlijke Versailles bouwen op een van de mooiste plekjes aan de Atlantische Oceaankust: sprookjespaleis **Villa Vizcaya** 7. Ondanks de hoge entreeprijs is een bezoekje de moeite waard. Het is een betoverend oord waar vaak films worden opgenomen en bruiloften worden gevierd.

Tussen de Toscaanse en Franse fresco's in het weelderige, met veel marmer versierde hoofdgebouw heb je steeds weer een prachtig uitzicht op de baai. De grootste attracties zijn echter zonder twijfel de tuinen, die weliswaar geïnspireerd zijn op Versailles, maar met hun palmen en orchideeën een exotische touch hebben.

INFO EN OPENINGSTIJDEN

Internet: www.coconutgrove.com
The Barnacle Historic State Park 2: 3485 Main Hwy., www.floridastateparks.org; **The Barnacle**, tel. 305 442 6866, www.thebarnacle.org, wo.-ma. 9-17 uur, $ 2, rondleiding vr.-ma. 10, 11.30, 13, 14.30 uur, $ 3.
Vizcaya Museum & Gardens 7: tel. 305 250 9133, www.vizcaya.org, wo.-ma. 9.30-16.30 uur, $ 18.
Coconut Grove Arts Festival: feb., www.cgaf.com. Vier dagen kunst, muziek en eten in Peacock Park in het weekend van President's Day (3e ma. feb.).

ETEN EN DRINKEN

Panther Coffee 1: 3407 Main Hwy., tel. 305 677 3952, www.panthercoffee.com, dag. 7-21 uur. Gezellig café vol locals, waar de creatieven van Coconut Grove bij elkaar komen om te werken en te borrelen.
Greenstreet Cafe 2: 3468 Main Hwy., tel. 305 444 0244, www.greenstreetcafe.net, zo.-di. 7.30-1, wo.-za. 7.30-3 uur. Café-restaurant met groot terras, een perfecte plek om te brunchen en mensen te kijken (▶ blz. 91).
Jaguar 3: 3067 Grand Ave., tel. 305 444 0216, www.jaguarhg.com, ma.-do. 11.30-23, vr. 11.30-23.30, za. 11-23.30, zo. 11-22 uur. Latinorestaurant en bar met groot terras in het hart van Coconut Grove.

WINKELEN

CocoWalk 1: 3015 Grand Ave., www.cocowalk.net, dag. 10-23 uur. Dertig boetieks, onder meer **Azul** (www.azulcoconutgrove.com) en **Catch a Wave Surf Shop** (www.catchawave.biz, dag. 11-21 uur, surfmode, materiaalverhuur en cursussen); daarnaast cafés, restaurants en een bioscoop, ▶ blz. 103.
Midori Gallery 2: 3168 Commodore Plaza, tel. 305 443 3399, www.midorigallery.com, di.-za. 11-18 uur.

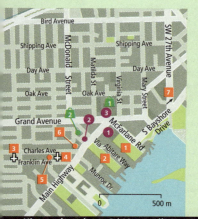

Uitneembare kaart 3 | Metrorail: Coconut Grove

Iberische fantasieën – **Coral Gables**

11

Door Coral Gables rijden, is een surreële ervaring. Je hebt het gevoel in een mediterrane stad te zijn: Spaanse villa's, aardewerk huisnummers op de huizen, straatnamen als Perugia en Alhambra Street ... Maar iets klopt er niet aan het plaatje. Alles lijkt een maatje te groot – alsof je in een Disney-versie van Verona of Granada terecht bent gekomen.

George E. Merrick zou het idee dat bezoekers en bewoners van Coral Gables een kleine honderd jaar na de stichting ervan zo verward zouden raken zeker zijn bevallen. Voor hem was Coral Gables vanaf het begin een wonderland, een steengeworden fantasie. Toen de jurist het 12 km² grote moeras in het zuidwesten van Miami erfde

Sinds de feestelijke opening in 1924 hebben heel wat kinderen leren zwemmen in de Venetian Pool. Het bad was vanaf het begin ook een plek waar locals en gasten elkaar ontmoetten.

#11 Coral Gables

INFO EN OPENINGSTIJDEN

Internet: www.coralgables.com
Biltmore Hotel 1: 1200 Anastasia Ave., www.biltmorehotel.com.
Matheson Hammock Park 2: 9610 Old Cutler Rd., www.miamidade.gov/parks/matheson-hammock.asp, $ 5-7 per auto.
Fairchild Tropical Botanic Garden 3: 10901 Old Cutler Rd., tel. 305 667 1651, www.fairchildgarden.org, dag. 9.30-16.30 uur, $ 25.
Venetian Pool 4: 2701 De Soto Blvd., tel. 305 460 5306, www.coralgables.com > Attractions > Where to go, di.-vr. 11-17.30, za., zo. 10-16.30 uur, $ 15-20, minimumleeftijd 3 jaar.
Coral Gables Museum 8: 285 Aragon Ave., tel. 305 603 8067, www.coralgablesmuseum.org, di.-vr. 12-18, za. 11-17, zo. 12-17 uur, $ 10.

ETEN EN DRINKEN

Ortanique 1: 278 Miracle Mile, tel. 305 446 7710, www.ortaniquerestaurants.com, ma.-vr. 11.30-14.30, ma.-wo. 18-22, do.-za. 18-23, zo. 17.30-21.30, bar dag. vanaf 17 uur.
Swine Southern Table & Bar 2 serveert machtige gerechten uit het zuiden van de VS zoals pulled pork en *shrimp & grits* (2415 Ponce De Leon Blvd., tel. 786 360 6433, www.runpigrun.com, ma.-wo. 18-23, do.-za. 16-0, zo. 15-22 uur).
Parijse flair vind je bij **Brasserie Central 3** (320 San Lorenzo Ave. #1205, tel. 786 536 9388, www.brasseriecentralmiami.com, dag. 11-23 uur).

WINKELEN

Books & Books 1: 265 Aragon Ave., tel. 305 442 4408, www.booksandbooks.com, dag. 9-23 uur.
Shops at Merrick Park 2: 358 San Lorenzo Ave., tel. 305 529 1215, www.shopsatmerrickpark.com, ▶ blz. 103.

Uitneembare kaart 4, B/C 7/8 | Metrorail: University

---

van zijn ouders, wist hij in eerste instantie niet echt wat hij ermee moest. Maar na reizen naar Chicago en Washington begon zich in zijn hoofd een idee te vormen. Hij wilde een plaats creëren naar voorbeeld van steden als Parijs en Madrid, met brede boulevards, parken en monumentale gebouwen. De pleitbezorgers van dit soort stadsplanning vormden destijds hun eigen beweging, de City Beautiful Movement.

Met het oog op het klimaat en de vegetatie van Zuid-Florida stond het voor Merrick vast dat zijn City Beautiful een mediterraan gevoel moest uit-

Coral Gables #11

stralen. In zeer korte tijd plande en stichtte hij de fantasiestad Coral Gables.

Paleis van de roaring twenties

Om je helemaal onder te dompelen in de architectonische moed van Coral Gables kun je het beste naar het **Biltmore Hotel** 1. Het 96 m hoge gebouw in Italiaanse renaissancestijl is de belichaming van de grand hotels van de gouden jaren 20. Na de opening in 1926 verbleef hier de high society van de hele wereld: van de Engelse koninklijke familie tot 'Hollywoodroyalty' als Ginger Rogers, Bing Crosby en Judy Garland. In het Biltmore overwinterden zowel de industriële aristocratie uit het noordoosten als gangsterkoning Al Capone, die hier zelfs een eigen suite bezat.

Tot op de dag van vandaag straalt het Biltmore de charme van toen uit. Binnenplaatsen en zuilengalerijen, fonteinen en mozaïeken zijn omgeven door een aura van lang vervlogen tijden. Het uitzicht over de uitgestrekte golfbaan en het enorme zwembad geven een heerlijk gevoel van weelderige luxe. Mocht je daar, al is het maar voor even, deel van willen uitmaken, dan heb je de keus uit een aantal restaurants en bars.

Zwemmen als in Lido

Mooier kun je in Coral Gables niet onderduiken: het in 1923 in een oude koraalsteengroeve gebouwde **Venetian Pool** 2 moest het gevoel geven te zwemmen in de kanalen van Venetië.

Ook de parken in het zuiden weerspiegelen het fantastische, wellustige leven van Coral Gables in die tijd. In het uitgestrekte **Matheson Hammock Park** 2 met meanderende waterwegen en kunstmatige baaitjes kun je peddelsurfen, varen, zwemmen en picknicken. De nabijgelegen **Fairchild Tropical Botanic Garden** 3 is een van de mooiste 'onderwijstuinen' voor tropische planten ter wereld en beschikt over een indrukwekkende collectie palmen en orchideeën.

Wondermijl

Aan de rand van Coral Gables vind je de zogenaamde **Miracle Mile**, het commerciële centrum van de stad. Op Coral Way tussen SW 42nd en SW 32nd Avenue rijgen de voornamelijk op de welgestelde inwoners van Coral Gables gerichte

Het gigantische Biltmore Hotel lijkt een beetje op een Spaanse villa op anabolen.

George E. Merrick had rond Coral Gables een flink aantal grote toegangspoorten gepland zoals we die kennen van Andalusische landgoederen. Maar het is bij slechts een aantal exemplaren gebleven: de **Alhambra Entrance** 5 (Alhambra Circle/hoek Douglas Rd.), de **Granada Entrance** 6 (Alhambra Circle/hoek Granada Blvd.) en de **Coral Way Entrance** 7 (hoek Red Rd./Coral Way).

#11 Coral Gables

De lege blik is übercool – modieuze drieling op de Miracle Mile.

designboetieks, dure kappers en chique restaurants zich aaneen. Het culinaire aanbod van de stad is net zo divers als duur. Aan de Miracle Mile bevinden zich bijvoorbeeld **Ortanique** ❶, een gezellige bistro met een geraffineerde Caribische en Latijns-Amerikaanse keuken, en **Swine Southern Table & Bar** ❷ met gerechten uit de zuidelijke staten van de VS.

Historische foto's

Tijdens een kort bezoek aan het **Coral Gables Museum** 🟦8 kun je aan de hand van talloze historische foto's meer te weten komen over de ontstaansgeschiedenis van de stad. Naast het museum bevindt zich boekwinkel **Books & Books** 🛍️, met een leuk **café** op de rustige binnenplaats. Hier kun je op stijlvolle wijze een hele middag doorbrengen.

In Coral Gables werd vooral gebouwd in mediterrane stijl. Maar in 'minidorpjes' heeft George E. Merrick ook andere stijlen nagebootst. Zo vind je in de buurt ook een **Chinese Village** 🟦9, een **Dutch South African Village** 🟦10 en een **French Normandy Village** 🟦11.

→ OM DE HOEK

Als je niet genoeg hebt aan shoppen op de Miracle Mile, kun je altijd nog naar de nabijgelegen **Shops at Merrick Park** 🛍️, een openluchtmall van drie verdiepingen met boetieks van Nordstrom tot Gucci. Ook hier bevindt zich weer een aantal elegante bistro's en restaurants, zoals de 'Franse' **Brasserie Central** ❸.

Waterwonderland – **Biscayne National Park**

 # 12

Ponce de Léon, de Spanjaard die vierhonderd jaar geleden landde in de grote baai die zich ten zuiden van Miami uitstrekt van Key Biscayne tot voorbij Key Largo, was overweldigd door de schoonheid ervan en vernoemde hem naar de Golf van Biskaje in zijn thuisland. Op nog geen uur van Miami kun je je onderdompelen in het op twee na grootste koraalrif ter wereld.

In vaak slechts 3-5 m diep water bevindt zich een rijke onderwaterwereld met kleurrijke tropische vissen, pijlstaartroggen, dolfijnen, zeekoeien en soms kleine haaien. Dankzij het initiatief van omwonenden en lokale journalisten werd dit juweel, waaronder grote oliereserves liggen, in de

In het Biscayne National Park zijn 'losstaande' mangroven te zien, maar ook mangrovebossen. Deze boomsoort slaat veel koolstofdioxide op, waardoor hij van onschatbare waarde is voor het ecologisch evenwicht.

#12 Biscayne National Park

De University of Miami gebruikt gezonde stukken koraal uit het nationale park om beschadigingen in andere rifgebieden te 'repareren'.

jaren 60 gered van de hebzucht van de olie-industrie. In 1968 werd het gebied een nationaal monument, in 1980 een nationaal park.

Met rangers naar het rif

In het ongerepte, 700 km² grote natuurparadijs, dat voor slechts 5% uit land bestaat, kun je je makkelijk een hele dag vermaken met snorkelen, duiken, kajakken en zwemmen. De uitvalsbasis is voor de meeste bezoekers het **Dante Fascell Visitor Center** 1 een paar kilometer ten oosten van de stad Homestead. In het grote, rustieke strandhuis in **Convoy Point** kun je bij vriendelijke rangers terecht voor allerhande informatie over het ecosysteem van Biscayne Bay. Daarnaast is er een film over het waterlandschap te zien. Achter het gebouw is een heerlijke picknickplek met zeezicht.

Het **Biscayne National Park Institute** in dezelfde plaats is het vertrekpunt van boottochten door het park en naar andere plekken. Zo zijn er dagelijkse tripjes naar Boca Chita Key. Je rijdt er in een uurtje heen met een ranger die onderweg van alles vertelt over de flora en fauna van het rif en kunt ter plekke snorkelen. Ook de Snorkeling & Site Seeing Tour van Tropic Scuba is erg leuk – je kunt vanaf de boot kajakken en snorkelen en als je moe bent, ga je aan boord lunchen.

Als je de baai graag op eigen houtje wilt verkennen, kun je bij het **Dante Fascell Visitor Center** 1 een kajak of kano huren. Vooral de mangrovebossen ten noorden en ten zuiden van Convoy Point zijn de moeite waard. Het populairste peddelplekje is de **Jones Lagoon** 2 tussen Totten Key en Old Rhodes Key (Islandia). Bij de rangers in het bezoekerscentrum kun je terecht voor gedetailleerde informatie.

Biscayne National Park #12

Snorkelen naar een scheepswrak

Eigenlijk is snorkelen in het nationale park een absolute must. Niet alleen vanwege het kleurrijke rif, maar ook omdat op de bodem zes scheepswrakken uit verschillende periodes uit de zeevaartgeschiedenis van Florida liggen. Ze maken, net als het **Fowey Rocks Lighthouse** 3 (1878), met een door zonne-energie aangedreven lichtbundel die dik 27 km ver te zien is, deel uit van de **Maritime Heritage Trail**. Voor snorkelaars is alleen de in 1966 vergane tweemaster **Mandalay** 4 toegankelijk. De 35 passagiers, op de terugweg van een trip naar de Bahama's, kwamen met de schrik vrij. Aan het wrak is niet meer te zien dat de Mandalay ooit een chic jacht was, met veel mahonie, ivoor en teakhout. De andere wrakken, waaronder dat van een 19e-eeuws piratenschip, zijn voorbehouden voor duikers. Als je interesse hebt: **Tropic Scuba** is de enige officiële aanbieder van duiktochten in het nationale park.

De bouw van de vuurtoren duurde drie jaar (1875-1878). Om geen tijd kwijt te zijn aan woon-werkverkeer logeerden de arbeiders op een platform op het water.

INFO EN OPENINGSTIJDEN

Dante Fascell Visitor Center 1: 9700 SW 328th St., Convoy Point, tel. 786 335 3612, www.nps.gov/bisc, dag. 9-17 uur.

ACTIEF OP EN IN HET WATER

Biscayne National Park Institute: Zelfde adres als Dante Fascell Visitor Center, verhuur van kajaks en kano's $ 12/16, zeiltocht 10-16 uur, $ 149, details en boeken (ook andere activiteiten) www.biscaynenationalparkinstitute.org.
Tropic Scuba: tel. 305 669 1645, www.tropicscuba.com, Snorkeling & Site Seeing Charter (max. 6 pers.) $ 725.

GRATIS VERVOER PER TROLLEY

Eind nov.-apr. rijdt in het weekend de gratis **Homestead National Parks Trolley** tussen Losner Park (Homestead, 104 N. Krome Ave.) en het Dante Fascell Visitor Center (www.cityofhomestead.com).

OVERNACHTEN

Op **Elliott Key** en **Boca Chita Key** kun je kamperen ($ 25 per tent). Omdat de Keys onderdeel van een natuurreservaat zijn, moet je alles zelf meenemen en weer opruimen – inclusief drinkwater (▶ blz. 84).

Uitneembare kaart 6, G/H 3-5 | **Metrorail:** Dadeland South, dan bus 38: Homestead, vervolgens **trolley** (zie boven)

#13

Alligators, mangroven en heel veel water – **rond de Everglades**

Als je de Calle Ocho in Little Havana afrijdt naar het westen, is Miami binnen een halfuur nog maar een stipje in de binnenspiegel. Voor je wordt de horizon steeds leger, boven je hoofd vliegen kraanvogels en links en rechts strekt zich een even mysterieus als subliem moeraslandschap uit: de Everglades.

Het in vele millennia ontwikkelde ecosysteem van de Everglades werd door de komst van de kolonisten 120 jaar geleden ernstig verstoord. Sinds 1947 valt het onder natuurbeheer.

De moerassen en mangrovebossen van het 6000 km² grote Everglades National Park bedekken de hele zuidpunt van Florida. Hier leven alligators, ibissen, otters, panters, reuzenschildpadden en zeekoeien – en talloze oude indianenlegenden. Het landschap is minder dramatisch dan in de grote nationale parken in het westen – rusti

Rond de Everglades #13

ger, beschouwender. Toch is het nationale park een van de rijkste en fascinerendste ecosystemen ter wereld. Dit is het resultaat van een extreem trage afvoer van zoetwater uit Centraal-Florida naar de Golf von Mexico. Het water stroomt via duizenden kleine riviertjes over de voedingsrijke kalkzandsteenbodem van Zuid-Florida. Dit in combinatie met het tropische, vochtige klimaat zorgt in deze regio voor een unieke, zeer vruchtbare dieren- en plantenwereld. Mangroven- en cipressenbossen worden afgewisseld door zeegrasprairies – de reden dat de oerinwoners van de streek de Everglades 'Pa-Hay-Okee' (grassig water) noemden.

Op de fiets door het moeras

De vanuit Miami makkelijkst bereikbare entree van het nationale park is die aan Route 41, ook wel de Tamiami Trail genoemd (circa 1 uur tot de ingang). Hier bevindt zich ook het **Shark Valley Visitor Center** 1. Vanhier kun je via een aantal bewegwijzerde wandelingen het hart van het moeras in. Via een 24 km lange geasfalteerde weg is het ook mogelijk het park per fiets te verkennen. Je kunt fietsen huren bij Shark Valley Tram Tours, dat ook tochten met gids in een open trammetje aanbiedt.

Niet ver van het bezoekerscentrum ligt aan de Tamiami Trail de **Miccosukee Indian Village** 2. Hier vertellen afstammelingen van Miccosukee-indianen over hun geschiedenis en tradities, maar ook over hun heden en de toekomst.

De **Tamiami Trail**, die is vernoemd naar Tampa en Miami, de steden die hij verbindt, loopt meer dan 100 km verder naar onder meer Everglades City aan de Mexicaanse Golfkust. Onderweg zijn steeds weer mooie uitkijkpunten en plekken waar je even de benen kunt strekken (bewegwijzerd).

De spons van Florida

Everglades City werd in de zomer van 2017 zwaar getroffen door orkaan Irma. Maar het slechts vierhonderd zielen tellende dorpje aan de kust bewees over een enorme veerkracht te beschikken. Al aan het begin van de winter, het hoogseizoen, werden er weer bootjes verhuurd en waren veel restaurants open. Irma veroorzaakte ook in de Everglades flink wat schade

Mocht je in de volgende 2 mijl inderdaad een Floridapanter (Puma concolor coryi) tegenkomen, dan mag je in je handjes knijpen. In de Everglades en Big Cypress leven namelijk nog maar een paar van die goudbruine katten.

In de **Big Cypress Gallery** 3 op de Tamiami Trail is werk te zien van fotograaf Clyde Butcher (1941), die de Everglades als geen ander heeft vastgelegd. Zijn grootformaat zwart-witbeelden zijn beïnvloed door Ansel Adams. Vanuit de galerie, die hoort bij de comfortabele **Swamp Cottage** (2-4 pers. vanaf $ 275), kun je moeraswandelingen maken.

#13 Rond de Everglades

Everglades betekent zoiets als 'oneindige open plekken'. De dominerende plantensoort is hier de tot 3 m hoge cypergrassoort Cladium jamaicense.

Ondanks alle veranderingen is de ongereptheid die de Everglades ooit een toevluchtsoord voor de inheemse bevolking maakte, nog steeds voelbaar. De Seminolen vluchtten in de 19e eeuw, toen hun reservaten werden omsingeld, naar het moeras. In de wildernis maakten de soldaten van de Unie geen kans – zo werd dit de enige stam die nooit heeft gecapituleerd. Info over de kolonisatie van de Everglades vind je in het kleine **Museum of the Everglades** 4 in Everglades City.

toen ze met 160 kilometer per uur voorbijraasde. De natuur bleef buiten schot, erger dan een paar omgevallen bomen was het niet, al zijn er wellicht langetermijngevolgen. De orkaan heeft misschien het evenwicht tussen zout- en zoetwater beïnvloed, wat op lange termijn de vegetatie zou kunnen veranderen.

Positief is dat de Everglades tijdens Irma hun taak als overstromingsbuffer prima hebben uitgevoerd. Het uitgestrekte overstromingsgebied voorkwam dat in Miami en de dichtbevolkte omgeving van de Tampa Bay grote schade ontstond. Zo heeft Irma nogmaals de onschatbare waarde van de Everglades onderstreept. Hopelijk worden de inspanningen om het landschap te behouden daardoor geïntensiveerd – al in 2000 besloot het Congress de Everglades op te knappen, maar het project wordt keer op keer vertraagd in verband met budgetproblemen.

De Everglades krimpen al sinds de jaren 20, toen men begon het water uit het midden van de staat voor landbouwdoeleinden om te leiden. De bevolkingsexplosie in Zuid-Florida heeft de problemen alleen nog vergroot. Volgens een schatting hebben de Everglades tegenwoordig nog maar vijftig procent van hun oorspronkelijke oppervlakte.

Rond de Everglades #13

INFO EN OPENINGSTIJDEN

Everglades National Park: tel. 305 242 7700, www.nps.gov/ever, auto $ 25.
Shark Valley Visitor Center 1, 36000 SW 8th St., tel. 305 221 8776, dag. 9-17 uur; **Shark Valley Tram Tours**, adres zie onder, www.sharkvalleytramtours.com, fietsverhuur $ 7,50. **Gulf Coast Visitor Center**, 815 Oyster Bar Lane, tel. 239 695 2591, 9-16.30 uur.
Miccosukee Indian Village 2: Mile Marker 35, U.S. Hwy. 41, tel. 305 480 1924, www.miccosukee.com, rondleidingen om 10.30, 11.30, 12.30, 13.30, 14.30 en 15.30 uur, $ 15.
Big Cypress Gallery 3: 52388 Tamiami Trail E, Ochopee, tel. 239 695 2428, www.clydebutcher.com/galleries.
Museum of the Everglades 4: 105 Broadway Ave. W, Everglades City, tel. 239 695 0008, www.everglades museum.org, ma.-za. 9-16 uur, donatie.
Big Cypress Oasis Visitor Center: 52105 Tamiami Trail E, Ochopee, tel. 239 695 1201, dag. 9-16.30 uur.
Big Cypress Swamp Welcome Center: 33000 Tamiami Trail E, tel. 239 695 4758, www.nps.gov/bicy, 9-16.30 uur.

ACTIEF

Everglades Adventure Tours 1: 40904 Tamiami Trail E, tel. 800 504 6554, www.evergladesadventuretours.net. Grootste en beste aanbieder van Evergladesactiviteiten. Onder andere wandelingen, tochten met kano of airboat en kampeertrips; duurzaam.
North American Canoe Tours 2: 107 Camelia St. E, tel. 239 695 3299, www.iveyhouse.com/everglades-adventures. Tochten vanaf $ 99, kanohuur vanaf $ 25 (korting als je overnacht in het Ivey House).

ETEN EN DRINKEN

Joanie's Blue Crab Cafe 1: 39395 Tamiami Trail E, Ochopee, tel. 239 695 2682, www.joaniesbluecrabcafe.com. Charmant restaurant; op de kaart staat naast verse krab onder andere ook een alligatorsalade ($ 16,99).
Triad Seafood Market & Cafe 2: 401 School Dr., tel. 239 695 0722, www.triadseafoodmarketcafe.com. Populaire tent voor kreeft en krab in het hart van Everglades City.

Uitneembare kaart 6 | Eigen vervoer; uitstapjes vanuit Miami (▶ blz. 111)

14

One happy island – Key West

Wanneer je naar Key West gaat, ben je echt even weg van alles. Het eiland, dat dichter bij Cuba ligt dan bij Miami, was altijd al een plek voor einzelgängers en drop-outs, dichters en dromers. Hier kwam je heen om te zijn wie je wilde zijn, en dat geldt tot op de dag van vandaag – Key West staat voor openheid en tolerantie.

Het eiland 'aan het einde van Noord-Amerika' is een dromerige plek waar geen regels gelden en je helemaal nergens over hoeft na te denken. Dat begint al met de onthaastende rit erheen. Highway 1 rijgt bijna 200 km lang de Florida Keys aan elkaar, de koraaleilanden die als een lange staart aan het zuidoosten van de Verenigde Staten bungelen. Je zweeft over het turquoise water en raakt in een bijna hypnotische toestand. Hoe dan

Avond in Duval Street. Key West is geen hoogtepunt vanwege de vele bezienswaardigheden, maar om de sfeer in het stadje.

ook ben je in een opperbest humeur wanneer je Key West bereikt. Laat je vervolgens leiden door het ritme van het eilandje, met het ruisen van de palmbladeren hoog in de bomen als je persoonlijke soundtrack.

Een dorp waarin niemand slaapt

Het eiland Key West is met een lengte van amper 5 km klein en de rond de haven gelegen oude stad is al helemaal een speldenprik. Je kunt dus alles wandelend bekijken, of nog beter: fietsend op een hippe beachcruiser.

De eerste bestemming is **Duval Street**, de hoofdstraat die dwars over het eiland loopt. In het deel dat bij de haven ligt, bevinden zich talloze boetieks en winkeltjes, restaurants en kroegen zoals de beroemde **Sloppy Joe's Bar** ✱. Hier voel je al dat de tijd in Key West anders verloopt dan elders. Zo zijn de kroegen bijna altijd open – dag en nacht gaan in het 25.000 inwoners tellende stadje naadloos in elkaar over.

Ben je nog niet toe aan een cocktail, dan kun je voor sterke Cubaanse koffie of authentiek gebak van dat eiland terecht bij **Cuban Coffee** ❶ – vooral de binnenplaats is leuk. Een alternatief vind je in de iets van de hoofdstraat gelegen **Bahamian Village**, de voormalige wijk van de immigranten uit de Bahama's. Daar kun je in de binnentuin van de **Blue Heaven** ❷ brunchen terwijl je luistert naar livemuziek.

De oude man en het huis

Wat je ook doet in Key West, vroeg of laat zul je hem tegenkomen: Ernest Hemingway. Dus kunt net zo goed meteen maar zijn huis bekijken. Het **Ernest Hemingway Home & Museum** 🔢 ligt op een paar passen van de Blue Heaven. Hemingway woonde twee perioden in Key West, dat hem werd aanbevolen door collega-auteur John Dos Passos – van 1928 tot 1937 met zijn tweede vrouw Pauline Pfeiffer en in 1955 en 1956 met zijn vierde vrouw Mary Welsh. Hemingways grootste passie naast het schrijven was diepzeevissen. Succesvolle en minder succesvolle vistrips werden steevast door de auteur uitgeluid met een drinkgelag in Sloppy Joe's Bar, waar hij ook graag dobbelde.

Tijdens een bezoek aan het in 1851 in Spaans-koloniale stijl gebouwde herenhuis op

Key West #14

Uit protest tegen een nieuwe controlepost van de grensbewaking op Hwy. 1 riep Key West op 23 april 1982 de Conch Republic uit (*conch* = een soort schelp). De controlepost verdween, maar de bijnaam bleef (www.conchrepublicdayskeywest.com/).

De geest van Hemingway waart dan nog wel steeds rond in zijn oude huis, de katten die in de tuin en de vertrekken ravotten, stelen de show. Door de huiselijkheid die de beesten oproepen, verwacht je de schrijver elk moment om de hoek te zien komen. De huidige bewoners van het pand zouden overigens allemaal nakomelingen zijn van Hemingway's witte kater Snowball.

#14 Key West

OVERIGENS

De belangrijkste attractie van Key West is niet het strand: je brengt je dagen hier eerder door in het stadje of in de haven. Wil je toch een duik nemen in het turquoise water, fiets dan met een beachcruiser (Eaton Bikes, 830 Eaton St., www.eatonbikes.com) naar **Fort Zachary Historic State Park** 2. Bij de vestingmuur uit 1866 bevinden zich heerlijke palmenoasen aan zee.

Whitehead Street, dat Pauline Pfeiffers oom voor het jonge stel kocht, kom je veel te weten over Hemingways leven en werk. Er zijn onder meer originele meubels en persoonlijke eigendommen te zien, zoals Hemingways typemachine.

De een z'n dood ...

In het **Key West Shipwreck Museum** 3 kun je nog verder teruggaan in de historie van het eiland. Eeuwenlang leefde de bevolking van Key West van het bergen van (de lading van) vergane schepen. Deze waren vergaan op het rif, dat zich over 240 km in zuidwestelijke richting uitstrekt van Miami tot de Keys. Het kleine museum vertelt over piraten en zeevaarders en de *wrecking*. Aan de lucratieve business kwam een einde toen nieuwe vuurtorens het schippers veel makkelijker maakte zich te oriënteren.

INFO EN OPENINGSTIJDEN

Ernest Hemingway Home & Museum 1: 907 Whitehead St., tel. 305 294 1136, www.hemingwayhome.com, dag. 9-17 uur, $ 14 (incl. 30 min. rondleiding).
Key West Shipwreck Museum 3: 1 Whitehead St., tel. 305 292 8990, www.keywestshipwreck.com, dag. 9.40-17 uur, vanaf $ 14,50 (online).
Florida Keys Eco-Discovery Center 4: 35 E Quay Rd., tel. 305 809 4750, www.floridakeys.noaa.gov/eco_discovery.html, di.-za. 9-16 uur, toegang gratis.

ETEN EN DRINKEN

Cuban Coffee Queen 1: 284 Margaret St., tel. 305 292 4747, www.cubancoffeequeen.com, dag. 7-19 uur.
Blue Heaven 2: 729 Thomas St., tel. 305 296 8666, www.blueheavenkw.com, 8 tot ca. 22.30 uur.

UITGAAN

Duval Street is 's avonds één lange openluchtkroeg. **Sloppy Joe's Bar** 1 en **The Bull and Whistle** 2 (hoek Caroline St.) zijn legendarisch. Populair zijn ook de **Green Parrot Bar** 3 (601 Whitehead St.), **Alonzo's Oyster Bar** 4 (700 Front St.) en **The Porch** 5 (429 Caroline St.). Mooi tijdens zonsondergang zijn de bars op de **Sunset Pier** 6 (foto rechts), waar je de avond verwelkomt met een paar cocktails.

OVERNACHTEN

De **Key West Historic Inns** zijn prachtig gerestaureerde 19e-eeuwse pensions: tel. 1 800 549 4430, www.keywesthistoricinns.com, vanaf $ 130.

Uitneembare kaart 6, A 8 | **Bus:** www.gobuses.com, www.greyhound.com

Key West #14

De Sunset Pier doet zijn naam eer aan. Wanneer de zon de zee en lucht prachtig inkleurt, is het in de Sun Pier Bar cocktailtijd.

Het **Florida Keys Eco-Discovery Center** 4 belicht de maritieme geschiedenis van Key West op heel andere wijze. Hier kun je de onderwaterfauna en -flora en het ecosysteem van het koraalrif leren kennen zonder nat te worden. Een belangrijk onderwerp in het museum is de bedreiging van dit kostbare systeem door vervuiling, klimaatverandering en orkanen.

Alles draait om de zon

Tijdens een snorkeltripje kun je je letterlijk onderdompelen in de onderwaterwereld van Key West. In de haven zijn tal van rederijen die zeiltochten aanbieden naar het koraalrif, dat zo'n 5 km voor het eiland ligt. Je krijgt de gelegenheid om de kleurrijke onderwaterwereld te verkennen, waar pijlstaartroggen, dolfijnen en soms haaien zwemmen. Het populairst zijn de zonsondergangtrips – je dobbert dan midden in de Caribische zee terwijl de vuurrode zon in de verte in het water zakt.

Geen plekje weten te bemachtigen? Ook aan wal is de zonsondergang verre van saai. Op Mallory Square in de haven verschijnen dan uit het niets muzikanten en straatartiesten om de *sunset* te vieren. Het is een magisch, bijna spiritueel moment, waarin de vrije geest van de Conch Republic tot leven komt.

Key West was altijd al een toevluchtsoord voor homo's en transseksuelen. Hier konden ze helemaal zichzelf zijn, lang voor ze werden geaccepteerd in de rest van de Verenigde Staten. De populairste gaybars bevinden zich in Duval Street: **Bourbon Street Pub** (nr. 724) en **801 Bourbon Bar** (nr. 801) met dagelijks hilarische trans-karaokeparty's. Gay vrouwen en mannen dansen in de openlucht bij **Aqua** (nr. 711).

Rijk, rijker, rijkst – **Palm Beach**

Protserige villa's en chique boetieks – Palm Beach is een speeltuin voor de superrijken en het winterverblijf van Donald Trump. Maar het langgerekte eiland een uurtje ten noorden van Miami is ook een rustoord met een mediterrane sfeer en een prachtstrand.

Vindt er in de Mediterranean Ballroom van The Breakers geen bruiloft of cocktailparty plaats, dan kun je altijd nog zelf een pirouettetje draaien voor wat feestelijkheid.

Toen Florida-pionier Henry M. Flagler in 1896 zijn spoortraject naar Miami door Palm Beach liet lopen, zag hij het eiland al voor zich als een toevluchtsoord van de welgestelden. In Palm Beach, zo had hij bedacht, zouden de tycoons van de Golden Age van het Amerikaanse kapitalisme hun luxueuze 'winterpaleizen' bouwen. Zijn toekomstvisie werd met veel enthousiasme

Palm Beach #15

ontvangen en Palm Beach ontwikkelde zich razendsnel tot de plek waar de oostkust-society zich vermaakte in de maanden dat het in New York te koud was. En die traditie houdt aan tot de dag van vandaag.

Het sinds een paar jaar bekendste landgoed van Palm Beach is **Mar-a-Lago**, dat door de eigenaar (en president van de Verenigde Staten) Donald Trump inmiddels tot een soort 'Winter White House' is uitgeroepen. Trump ontvangt er staatsgasten en geeft er feesten voor vrienden uit de zaken- en showbizzwereld. In de andere droomvilla's aan Southern Ocean Boulevard wonen talloze beroemde sporters, zakenmensen en filmsterren. Het verzameld inkomen steeg hier al jaren gelden ver boven de honderd miljard uit.

Vallen, opstaan en weer doorgaan

Was hij tevreden toen hij in 1913 zijn laatste adem uitblies? Wie zal het zeggen? Henry M. Flagler, in 1830 in Hopewell (New York) geboren als zoon van een pastoor, kon zichzelf in elk geval niet verwijten zijn talenten verkwanseld te hebben. **The Breakers** , een must-see als je op het eiland bent, is een van de vele getuigen van Flaglers visionaire energie. Een nachtje logeren in het in 1896 gebouwde luxehotel in *Mediterranean style* is misschien een wat grote aanslag op je vakantiebudget. Maar met een cocktail in de Tapestry Bar of een lunch in een van de restaurants maak je, al is het maar voor even, ook deel uit van *the happy few*.

Flagler verliet het ouderlijk huis al op zijn veertiende en werkte eerst als boekhouder in de graanhandel. Zijn investeringen in de zoutproductie liepen rampzalig af en bezorgden hem grote schulden. Flagler krabbelde echter snel weer op, ook financieel, en richtte met onder anderen John D. Rockefeller oliemaatschappij Standard Oil op. Een gouden greep die ervoor zorgde dat Flagler binnen no-time binnen was. Privé was hij minder fortuinlijk: zijn eerste vrouw overleed op haar zevenenveertigste, zijn tweede echtgenote werd, zoals dat toen nog officieel heette, krankzinnig. Flagler besloot nóg een keer te trouwen en liet in Palm Beach als huwelijksgeschenk het prachtige herenhuis **Whitehall** (1902) bouwen, tegenwoordig het **Flagler Museum**. Het gebouw is symbo-

OVERIGENS

Bij de Palm Beach Bicycle Trail Shop kun je voor $ 29 per halve dag ($ 39 voor 24 uur) een cruiser huren en daarmee de kust van het eiland verkennen via de 10 km lange **Lake Trail** (Sunset St., tel. 561 650 4583, palmbeach bicycle.com).

Bijna 67% van de inwoners van Palm Beach is ouder dan zestig. In West Palm Beach bevindt zich zelfs een voor Zuid-Florida typische 'pensionadokolonie', Century Village. Hier konden dames als deze al in 1975 relaxed hun watergymnastiekoefeningen doen met het bolletje lekker in de zon.

#15 Palm Beach

De meeste pensionado's van Palm Beach hebben meer te besteden dan een AOW'tje. De winkels (hier op Worth Avenue) varen er wel bij.

lisch voor de bouwstijl in de economische bloeitijd aan het eind van de 19e eeuw die bekendstaat als The Gilded Age. De opkomende industrie zorgde in de Verengide Staten voor veel nieuwe rijken, die graag lieten zien wat ze hadden bereikt.

Het is dan ook bepaald geen lullig cadeau dat Mary Lily Flagler van haar kersverse echtgenoot kreeg. Whitehall is een residentie met meer dan zeventig vertrekken in verschillende stijlen zoals Lodewijk XIV en neorenaissance. Het volgens de *New York Herald* 'mooiste huis ter wereld' kostte Flagler maar liefst vier miljoen dollar – naar huidige maatstaven dik honderd miljoen! Met een audioguide kun je in je eigen tempo wandelen door het huis, dat er alleen nog staat omdat Flaglers kleindochter in 1959 de sloop ervan aanvocht en een stichting opzette om het te kopen.

De **Wakodahatchee Wetlands** is een beschermd natuurgebied in de moerassen tussen Miami en Palm Beach. Vooral 's avonds kun je hier tijdens een wandeling genieten van de stilte en het gekwetter van exotische vogelsoorten.

→ OM DE HOEK

Verruil het eiland ook eens voor het vasteland en wandel over de **West Palm Beach Greenmarket**, een populaire weekmarkt aan het water (www.wpb.org). Bij **Sample Rabbit** kun je proeven van allerlei soorten koffie en snacks. De **International Polo Club** in Wellington is op zondagmiddag dé ontmoetingsplaats van de high society van Palm Beach (staanplaatsen vanaf $ 300 – champagne en ijs inbegrepen).

Palm Beach #15

Mondaine winkelstraat

De met pseudo-Italiaanse renaissance-architectuur en fonteinen opgesmukte winkelstraat **Worth Avenue** 3 is het centrum van Palm Beach. Zo'n 250 luxueuze boetieks – van Armani en Chanel tot Valentino – rijgen zich hier aaneen. Als je creditcard het na het winkelen nog toelaat, kun je tussen de *rich and famous* eten bij **Al Fresco** 1. En natuurlijk neem je dan de Palm Beach-pizza met gerookte zalm en kaviaar.

INFO EN OPENINGSTIJDEN

The Breakers 1: 1 S County Rd., tel. 561 655 6611, www.thebreakers.com.
Flagler Museum 2: 1 Whitehall Way, tel. 561 655 2833, www.flaglermuseum.us, di.-za. 10-17, zo. 12-17 uur, $ 18 incl. audioguide.
International Polo Club 1: 3667 120th Ave. S., Wellington, tel. 561 204 5687, www.ipc.coth.com, vanaf $ 300.

ETEN EN DRINKEN

Pizza Al Fresco 1: 14 Via Mizner, Worth Ave., tel. 561 832 0032, www.pizzaalfresco.com, dag. 11-22 uur.
Surfside Diner 2: 314 S County Rd., tel. 561 659 7495, dag. 8-15 uur. Relaxte ontbijt- en lunchtent aan het strand.
Amici Market 3: 155 North County Rd., tel. 561 832 0201, www.myamicimarket.com, ma.-za. 8-20 uur. De Italiaanse markt tegenover het strand heeft lekkere snacks.
In **Cafe Boulud** 4, het restaurant van het klassieke, luxe Brazilian Court Hotel, kun je dineren terwijl je luistert naar een jazzzangeres en een pianist (301 Australian Ave., www.cafeboulud.com, dag. 17.30-23 uur).

WINKELEN

P. B. Boys Club 2 (307 South County Rd., tel. 561 832 9335, dag. 10-17 uur) verkoopt hoogwaardige surfmode en verhuurt surf- en paddleboards).

UITGAAN

The Alchemist Gastropub & Bar 1: 223 Clematis St., tel. 561 355 0691, www.thealchemistgastropub.com, ma.-do. 11.30-24, vr., za. 11.30-2, zo. 11-24 uur. Gezellige bar in West Palm Beach, pal aan het water op een pleintje met meer kroegen. Hier gaat het er 's avonds wat minder belegen aan toe dan in Palm Beach zelf.

Uitneembare kaart 7, B 1 | Bus: www.greyhound.com, **trein:** www.tri-rail.com

Miami's museumlandschap

ENTREEBEWIJZEN *voor een andere wereld...*
Er zijn in Miami natuurlijk meer musea dan alleen het Pérez Art Museum (▶ blz. 45). Dit zijn mijn favorieten.

MAAR BESLIS VOORAL ZELF!

Jewish Museum of Florida – FIU
di.-zo. 10-17 uur, $ 6

Museum in een art-decogebouw in Miami Beach over de rijke bijdrage van de Joden aan de geschiedenis en cultuur van Florida. Joden speelden sinds hun komst in de 18e eeuw een belangrijke rol in de staat.

● JA   ● NEE   kaart 2, C 5, www.jmof.fiu.edu

The Bass Museum of Art
wo.-ma. 10-17 uur, $ 10

Het zeer internationaal georiënteerde museum voor hedendaagse kunst in Miami Beach is tijdens Art Basel de plek waar alles gebeurt. Het is gewijd aan architectuur van nu en hedendaags design.

● JA   ● NEE   kaart 2, C 1, www.thebass.org

Museum of Contemporary Art North Miami (MoCA)
di.-vr. 10-17,
za., zo. 11-17 uur, $ 5

Deze voormalige galerie in Downtown werd in 1995 met de inrichting van een permanente collectie getransformeerd tot museum. Het MoCA staat vooral bekend om zijn verzameling videokunst.

● JA   ● NEE   kaart 4, D 2, www.mocanomi.org

Patricia & Phillip Frost Art Museum
di.-za. 10-17, zo. 12-17 uur,
toegang gratis

Een bijzondere pijler van dit in 1977 opgerichte museum is de interdisciplinaire en interculturele toegang tot kunst. Zeer brede collectie: van Afrikaanse en Caribische kunst tot fotografie en grafische vormgeving.

● JA   ● NEE   kaart 6, G 3, thefrost.fiu.edu

Miami's museumlandschap

Institute of Contemporary Art (ICA Miami)
di.-zo. 11-19 uur,
toegang gratis

○ JA ○ NEE

Het in 2017 van het MoCa afgescheiden museum toont zijn vaste collectie en tijdelijke tentoonstellingen in een gloednieuw gebouw. Zwaartepunten zijn experimentele kunst en de 'internationale dialoog'.
📖 kaart 4, D 4, www.icamiami.org

Bay of Pigs Museum
ma.-vr. 9-16 uur,
toegang gratis

○ JA ○ NEE

Museum in Little Havana dat de 1300 Cubaanse vrijheidsstrijders uit Miami herdenkt die in 1961 in opdracht van de CIA Cuba probeerden te heroveren op Fidel Castro. Veel veteranen van toen wonen in Little Havana.
📖 kaart 4, C 5, www.bayofpigs2506.com

World Erotic Art Museum (WEAM)
ma.-do. 11-22,
vr.-zo. 11-24 uur, $ 20

○ JA ○ NEE

Particulier museum in het hart van Miami Beach dat volledig is gewijd aan erotische kunst – van 300 v.Chr. tot nu. Te zien zijn ongeveer vierduizend werken van onder anderen Rembrandt en Andy Warhol.
📖 kaart 2, C 3, www.weam.com

Haitian Heritage Museum (HHM)
di.-vr. 10-17 uur, $ 10

○ JA ○ NEE

Klein museum in het Design District dat is gewijd aan de Haïtiaanse cultuur en tradities en de betekenis daarvan voor Miami. Het museum is tevens een cultureel centrum.
📖 kaart 4, D 4,
www.haitianheritagemuseum.org

Lowe Art Museum
di.-za. 10-16, zo. 12-16 uur,
$ 12,50

○ JA ○ NEE

Het kunstmuseum van de University of Miami in Coral Gables herbergt een aanzienlijke collectie: van de Italiaanse renaissance tot Andy Warhol en Jackson Pollock. Het Lowe is het oudste museum van Miami.
📖 kaart 4, B 7, www.lowe.miami.edu

Miami's museumlandschap

Het museumlandschap van Miami is door de culturele renaissance van de stad in de laatste vijftien jaar geëxplodeerd. Tot ver in de jaren 80 was Miami een culturele woestenij, maar de vele instellingen die het levenslicht zagen in het nieuwe millennium hebben de metropool op de culturele wereldkaart gezet. De focus ligt op de kunstsector, met een hele reeks eersteklas musea: van het **Pérez Art Museum Miami** (▶ blz. 44) en het **Patricia & Phillip Frost Art Museum** (▶ blz. 78) tot het **Institute of Contemporary Art** (▶ blz. 79) en het **Bass Museum** (▶ blz. 78). Ook de vele particuliere verzamelingen zijn indrukwekkend, zoals **The Wolfsonian-FIU** (▶ blz. 23), de **Rubell Family Collection** (▶ blz. 40) en **The Margulies Collection at the Warehouse** (▶ blz. 41) in Wynwood. Daarover gesproken, het hele **Wynwood District** (▶ blz. 39) is zonder twijfel het grootste **openluchtmuseum voor streetart** ter wereld.
Het is echter niet alles kunst wat blinkt. Zo is het **Phillip and Patricia Frost Museum of Science** (▶ blz. 46) een van de modernste wetenschapsmusea ter wereld. En dan zijn er nog spannende historische musea als **HistoryMiami** (▶ blz. 46) en kleinere lokale musea als het **Coral Gables Museum** (▶ blz. 62).

MUSEA MET GRATIS ENTREE

Bij veel musea kun je op gezette tijden gratis naar binnen. Bij het Pérez Art Museum en HistoryMiami bijvoorbeeld elke 2e za. van de maand, bij het Wolfsonian elke vr. 18-21 uur. Het Institute of Contemporary Art is altijd gratis toegankelijk. Meer info vind je op www.miamionthecheap.com/free-museum-days.

Venster naar een anders alleen voor duikers toegankelijke wereld in het Frost Museum of Science.

De kunst van het herinneren – monumenten en sculpturen

Met welke monumenten en kunstwerken een stad zijn openbare ruimten uitrust, zegt veel over het zelfbeeld ervan. De zeer moderne, op consumenten gerichte metropool Miami herinnert met zijn monumenten donkere periodes uit zijn geschiedenis en sterke vrouwen die van invloed waren op de stadshistorie.

Redder van art-decogebouwen
Barbara Baer Capitman Memorial kaart 2, C 3
In Lummus Park wordt Barbara Baer Capitman (1920-90) herdacht met een buste. Zij was de oprichter van de Miami Design Preservation League – aan haar is de sanering en wedergeboorte van South Beach aan het eind van de jaren 70 te danken. Het monument is gebaseerd op een sculptuur die Capitmans moeder, kunstenares Myrtle Bachrach Baer, van haar dochter maakte toen die negentien jaar oud was.
South Beach, Lummus Park, Ocean Drive/hoek 13th St., www.mdpl.org

Herinnering aan een tragedie
Challenger Memorial F 6
Op 28 januari 1986 explodeerde boven Cape Canaveral, dik driehonderd kilometer ten noorden van Miami, 73 seconden na de lancering de spaceshuttle Challenger. Alle zeven astronauten kwamen om het leven. Sinds 1988 herinnert een monument van de Japans-Amerikaanse kunstenaar Isamu Noguchi in Bayfront Park aan deze ramp. De spiraalvormige dubbele helix symboliseert de condensstrepen van het ruimteveer.
Downtown Miami, Bayfront Park (zuidwesthoek)

Designer-architect in XXL-formaat
Le Corbusier-sculptuur kaart 4, D 4
Palm Court is het hart van het Design District. Midden op het plein herinnert een meer dan levensgrote buste aan meesterdesigner en architect van de moderne stedenbouw Le Corbusier. Het beeld werd gemaakt door de Franse beeldhouwer Xavier Veilhan en in 2014 neergezet tegenover de Fly's Eye Dome van Buckminster Fuller (▶ blz. 37).
Downtown Miami, Design District, Palm Court

Ongewenst, toch gekomen
Holocaust Memorial Miami Beach kaart 2, B 1
Toen de Greater Miami Jewish Federation halverwege de jaren 80 een Holocaustmonument in Miami Beach voorstelde, was de verontwaardiging groot – Miami Beach moest een plaats van lichtheid blijven. Het indrukwekkende The Sculpture of Love and Anguish (1990) van Kenneth Treister kwam er toch. Het symboliseert zowel de slachtoffers van de Holocaust als de overlevenden, van wie zich na de oorlog vele hebben gevestigd in Miami Beach en de rest van Zuid-Florida.
Miami Beach, 1933-1945 Meridian Ave./Dade Blvd., tel. 305 538 1663, www.holocaustmemorialmiamibeach.org, dag. 9 uur tot zonsondergang

Public relations avant la lettre
Julia Tuttle Statue F 6
Aan het eind van de 19e. eeuw wist Julia D. Tuttle Henry M. Flagler te overtuigen het spoortraject door te trekken naar Miami. Nadat de sinaasappeloogst in Noord-Florida was mislukt door strenge vorst, stuurde ze hem oranjebloesem als bewijs dat het in Zuid-Florida beduidend warmer was. Het beeld in Bayfront Park toont Julia Tuttle dan ook met zo'n blaadje in haar hand.
Downtown Miami, Bayfront Park Path

Miami op het water

Vanaf een van de stranden van Miami Beach naar het turquoise water van de Biscayne Bay kijken, is heerlijk. Net als 's avonds vanaf een terrasje in Coconut Grove de gloeiende, rode zon in de Atlantische Oceaan te zien zinken. Maar je beleeft waterstad Miami nog intensiever als je zelf de zee in of op gaat.

Vergaapcruise
Rondvaarten
Er wonen honderden, zo niet duizenden beroemde en minder bekende superrijken in Miami en Miami Beach. Tijdens een Millionaire's Row Cruise van **Island Queen Cruises** kun je hun villa's bewonderen vanaf het water. Andere rondvaarten van de rederij zijn de Skyline Cruise rond Downtown Miami en de romantische Sunset Cruise.

Island Queen Cruises, 401 Biscayne Blvd., tel. 305 379 5119, www.islandqueencruises.com, Millionaire's Row Cruise $ 27

Grote boten, kleine boten
Zeilen
De populairste manier van vervoer op het water is in Miami ongetwijfeld de zeilboot. In de stad zijn talloze marina's waarin zowel luxueuze superjachten als kleine sportbootjes voor anker liggen. Deze havens zijn op zich al een attractie. Zelfs als je geen zeebenen hebt, zorgt de maritieme sfeer ervoor dat

De haven van Miami is een populair vertrekpunt van cruises naar het Caribisch gebied. Die kun je overigens beter thuis boeken – dat is goedkoper dan ter plekke bij Amerikaanse aanbieders. Een zevendaagse cruise door het Caribisch gebied vanaf Miami is er (met een beetje zoeken) al vanaf € 600.

je cocktail net wat lekkerder smaakt, en een zon die achter dobberende bootjes in zee zakt, is ook niet lelijk. Populair zijn de **Dinner Key Marina** (kaart 3, B 3) in Coconut Grove, de **Miami Beach Marina** (kaart 2, A/B 5/6) op het zuidpuntje van South Beach en de **Crandon Park Marina** (kaart 4, E 7) in Key Biscayne.

Bij **Miami Water Sports** kun je een spoedcursus boeken en aansluitend met een kleine Hobie Cat door Biscayne Bay schipperen. Wil je op de chique(re) toer, huur dan een boot inclusief rondje door de baai bij **Tropical Boat Charters**. Bij de meeste verhuurders kun je ook aankloppen voor zeiltochten van een weekend of week naar het Caribisch gebied. Dat dat geen goedkoop uitje is, spreekt voor zich.

Miami Water Sports, 3400 Pan American Dr., Coconut Grove, tel. 305 345 4104, www.miamiwatersports.com, boothuur 1 uur $ 80, 4 uur $ 240, ook jetski's, kajaks en stand-up-paddleboards en parasailing
Tropical Boat Charters, 401 Biscayne Blvd., tel. 305 744 1355, zeiltochten Miami Beach en de baai vanaf $ 50
Miami Sailing, tel. 786 423 3131, www.miamisailing.net
Let's Go Sailing Today, Luxury Sailing Charter, diner Key Marina, Pier 3, 3400 Pan American Dr., Coconut Grove, tel. 305 677 9616, www.letsgosailingtoday.com

Spectaculaire onderwaterwereld
Snorkelen en duiken
Nog fascinerender dan óp het water rond Miami is de kleurrijke en veelzijdige wereld ónder het wateroppervlak. Miami Beach en Key Biscayne zijn eigenlijk koraaleilanden. Hun flora en fauna zijn soortenrijker dan welke plek

Miami op het water

in Noord-Amerika dan ook. Het spreekt dus voor zich dat Miami een van de beste snorkel- en duikplekken ter wereld is. Bijzonder avontuurlijk is te water gaan bij kunstmatige riffen als het Jose Cuervo Reef en scheepswrakken als de Sheri Lyn.

Een bekende organisator en *outfitter* is het South Beach Dive Center op het zuidpuntje van Miami Beach. Bij **South Beach Divers** kun je dagelijks terecht voor snorkel- en duikexcursies naar scheepswrakken en natuurlijke koraalriffen. Andere aanbieders zijn Grove Scuba en Diver's Paradise op Key Biscayne. Een van de grootste attracties voor duikers is de Maritime Heritage Trail in Biscayne National Park (▶ blz. 65).

In Miami Beach organiseert het **Tarpoon Lagoon Diving Center** snorkel- en duikexpedities van een halve of hele dag. Je vaart dan naar de Emerald Reef, de Rainbow Reef en het gezonken schip Half Moon.

South Beach Divers, www.southbeachdivers.com, zie rechts, diverse duik- en snorkelavonturen vanaf circa $ 50, verhuur van uitrusting, tips van experts (ma.-za. 9-19 uur)
Tarpoon Lagoon Diving Center, 300 Alton Rd., tel. 305 532 1445, www.tarpoondivecenter.com, duiktrips vanaf $ 225
Andere aanbieders: Divers Paradise of Key Biscayne, www.keydivers.com; Grove Scuba, www.grovescuba.com

Niets lekkerder dan een zelfgevangen visje van de barbecue als avondeten.

Volledige rust
Peddelsurfen
▶ blz. 85

Adventure Sports, 9610 Old Cutler Rd., Coral Gables, tel. 305 733 1519, www.adventuresportsusa.com, ma.-do. 10-18, vr.-zo. 10-19 uur, vanaf $ 30

Ideale plek voor beginners
Surfen

Een surfersmekka is Miami niet. Voor profs zijn de omstandigheden simpelweg te saai – vooral in de zomermaanden is de zee te kalm en zijn er nauwelijks golven. Om dezelfde redenen is dit de ideale kweekschool voor beginners. In de stormachtige maanden oktober en november zijn de golven overigens wél interessant voor ervaren surfers. Cursussen worden aangeboden door onder andere **South Beach Divers**, waar je ook uitrusting kunt huren.

South Beach Divers, 850 Washington Ave., tel. 305 5316110, www.southbeachdivers.com, surfcursus vanaf $ 85 boards vanaf $ 40

Ontmoetingsplaats Hobie Beach
Windsurfen

Windsurfers zijn wél gek op het water rond Miami. Hobie Beach aan het begin van Key Biscayne is de ontmoetingsplaats van de windsurfscene. Hier is de wind vaak erg gunstig. Voor uitrusting en cursussen ga je naar **Miami Water Sports.**

Miami Water Sports, 1 Rickenbacker Cwy., tel. 305 345 4104, www.miamiwatersports.com, windsurfcursus $ 95, uitrusting vanaf $ 50 per uur

Pauze, even rebooten

Van het strand naar het restaurant, van de bar naar de club en dan ook nog winkelen in een (of meer) van die enorme shoppingmalls – Miami kan uitputtend zijn. Maar ook in een zo hectische metropool zijn er natuurlijk oasen van rust waarin je even tot jezelf kunt komen.

Op een onbewoond eiland
Boca Chita Key 📖 kaart 6, H 4
Wie droomt er niet af en toe van als Robinson Crusoe helemaal alleen op een onbewoond eiland te zitten, volledig afgezonderd van de drukke buitenwereld? Voor even dan. In het Biscayne National Park ten zuiden van Miami kun je deze droom in vervulling laten gaan. Gooi een tent en proviand in je kajak, peddel de baai over en leg aan bij het kleine Boca Chita Key. Zet je tent op op de (erg primitieve) camping of gewoon lekker op het strand. Maak een kampvuurtje en geniet van de tropische nacht.

Kajakverhuur en informatie: Biscayne National Park, kantoor circa 16 km ten oosten van Homestead, 9700 SW 328th St., tel. 786 335 3612, www.nps.gov/bisc/planyourvisit/camping.htm, kamperen $ 25

Koffie en karma
Brewing Buddha Cafe 📖 kaart 4, ten zuidwesten van A 8
Het Brewing Buddha Cafe in South Miami doet zijn naam alle eer aan. Zodra je door de deur van het gezellige kleine café stapt, verval je in een meditatieve stemming. De wanden van de lichte ruimte zijn bedekt met klimop – het voelt alsof je in een tovertuin bent. Het hyperrelaxte, vriendelijke personeel, de vele bijzondere thee- en koffiesoorten en de heerlijke fauteuils nodigen uit om hier langer dan één kopje te blijven zitten.
South Miami, 8219 SW 124th St., tel. 786 842 3342, www.brewingbuddha.com, ma.-za. 9-19 uur

Aan het eind van de wereld
Lighthouse Cafe, Bill Baggs Cape Florida State Park 📖 kaart 4, E 8
Bij de vuurtoren op het uiterste puntje van Key Biscayne lijkt het alsof je aan het eind van de wereld staat. Het strand is hier meestal uitgestorven, de wind geselt het duingras en voor je ligt de oneindige Atlantische Oceaan. Heb je even genoeg van het hedonistische Miami Beach, dan kun je hier (bijna) in je uppie tot rust komen, een lange wandeling door de duinen maken of een volledig geruisloze zonsondergang meemaken. De vuurtoren maakt deel uit van het Bill Baggs State Park, dus je moet wel entree betalen – maar dat is juist een van de redenen dat het hier zo rus-

Veel B&B's hebben dit soort 'uitkijkpunten' voor hun gasten. Key lime martini erbij en relaxen maar ...

Pauze, even rebooten

In Miami kun je prima 24/7 op pad zijn. Maar het is wel lekker om tussendoor even bij te tanken, om even lekker een uurtje te hangen …

tig is. Je kunt de dag hier ook heerlijk uitluiden in het Lighthouse Cafe.

Key Biscayne, 1200 S Crandon Blvd., tel. 305 361 5811, www.floridastateparks.org/park/Cape-Florida, auto $ 8, fietser, voetganger $ 2, Lighthouse Cafe ▶ blz. 52

De zee op
Peddelsurfen in Biscayne Bay kaart 4, B 8

De beste manier om te ontkomen aan het lawaai, de hectiek en het verkeer van Miami is simpelweg het water op te gaan. Huur in Coral Gables een peddelsurfplank (of een kajak) en ga de zee op. Al na een paar minuten voel je innerlijke rust en vrede opkomen. De rustige Biscayne Bay is de perfecte plek voor helende eenzaamheid. Vooral in de ochtend is het water zo vlak als een diepblauw biljartlaken. Terwijl je in de verte de glazen torens van Miami Beach ziet, en aan de andere kant de eindeloze Atlantische Oceaan, is het enige dat je hoort al snel je eigen peddel. En misschien, heel misschien, word je tijdens je vaart wel begeleid door een dolfijn.

Adventure Sports, www.adventuresportsusa.com, ▶ blz. 83

Vooral blijven ademen
Yoga op het strand of in het park

Het is niet eenvoudig in Miami innerlijke rust te bewaren – of je hier nu woont of op vakantie bent. Een aantal yogadocenten heeft dit luxeprobleem al een tijdje geleden onderkend en er een oplossing voor bedacht. Op een flink aantal stranden zijn dagelijks gratis toegankelijke yogaklasjes, zodat zowel locals als toeristen even kunnen rekken en strekken en, belangrijker, het hoofd kunnen leegmaken. Aanmelden is niet nodig, je gaat er gewoon met je matje of handdoek heen en doet mee. Bij de **3rd Street Lifeguard Tower** (kaart 2, C 5; 7 en 17, in de winter 18 uur) in South Beach, in **Bayfront Park** in Downtown (F 5/6; ma. en wo. 18 uur, in de zomer 17 uur) of in **Peacock Park** in Coconut Grove (kaart 4, C 7; di. en do. 18 uur), www.bayfrontparkmiami.com/YogaClasses.html.

Overnachten

Weelderige Grand Hotels

In zekere zin draait in Miami, en al helemaal in Miami Beach, alles om hotels. Logisch in een stad die zo toeristisch is. Dat is altijd zo geweest; Miami werd gesticht als chic vakantieoord voor welgestelde Amerikanen die de koude winters van het noordoosten wilden ontvluchten.

Getuigen van die tijd zijn de weelderige Grand Hotels uit de jaren 20 als het Biltmore in Coral Gables en natuurlijk de stijlvolle art-decohotels die South Beach zo kenmerken en waaraan Miami Beach voor een groot deel zijn populariteit te danken heeft. Maar een historisch pand alleen is niet meer genoeg – nergens schieten zo veel prachtige boektiekhotels uit de grond als in Miami en Miami Beach.

In beide steden vindt bijna al het sociale leven plaats in hotels. Voor cocktails ga je naar een van de vele chique *rooftop bars* in Downtown en ook veel van de beste restaurants bevinden zich in hotels. Bovendien vinden de beste feestjes plaats bij de hotelzwembaden in South Beach. Daarnaast fungeren veel hotels als kunstgalerie.

De luxehotels in Miami Beach en Downtown zijn met een kamerprijs van $ 250-400 bepaald niet goedkoop. Maar er zijn genoeg voordelige alternatieven: kleine hostels, lieflijke bed and breakfasts en wat verder van Downtown of South Beach gelegen hotels. De zakenhotels bij het vliegveld en in het Doral District zijn minder karakteristiek, maar net zo comfortabel en veel goedkoper. Een eigen auto is dan wel een must.

OM ZELF TE ONTDEKKEN

Ook in Miami worden steeds meer accommodaties aangeboden via **Airbnb** (www.airbnb.nl). Pogingen om deze particuliere verhuur in te perken, zijn tot nu toe door de rechter afgewezen, maar het is verstandig voor je verblijf even te informeren naar de laatste stand van zaken.

Als je de duurzaamheid van je accommodatie belangrijk vindt, moet je erop letten dat je hotel een rating van de milieudienst van de staat heeft. Onderkomens met een **Florida Green Lodging**-certificaat voldoen aan een hoge standaard wat betreft energie- en waterefficientie en het gebruik van recyclebare materialen (www.floridadep.gov/osi/green-lodging).

Kussens voor een kleurrijk verblijf in in Miami.

Overnachten

Surfershotel
Aqua Hotel 🏠 kaart 2, C 3
Een voormalig motel dat is getransformeerd tot coole accommodatie voor surfers – wat meteen te zien is aan de van surfboards gefabriceerde receptie. De kamers zijn onderkoeld modern en het hotel is op z'n Amerikaans om het zwembad heen gebouwd.
South Beach, 1530 Collins Ave., tel. 305 538 4361, www.aquamiami.com, 2 pk vanaf $ 100

Familievilla
Bars B&B South Beach
🏠 kaart 2, B 4
Bars is een klein paradijs met persoonlijke service. Elk van de acht kamers (waarvan de meeste niet erg groot zijn) bieden volop luxe en comfort. Rond het hotel ligt een Japanse tuin. Elke dag happy hour met een wijntje en een kaasje en het personeel is behulpzaam bij het organiseren van uitstapjes en andere activiteiten. Fietsverhuurder vlakbij.
South Beach, 711 Lenox Ave., tel. 305 534 3010, www.barshotel.com, 2 pk vanaf $ 200

Charmant strandhotel
Circa 39 🏠 kaart 4, F 4
Elegant boetiekhotel niet ver van het strand, ontworpen in een bijzondere mix van stijlen met een vleugje jaren 70. Zwembad, populaire cocktailbar (Wunderbar) en toprestaurant. Vlak bij een halte van de gratis Miami Beach Trolley die naar South Beach rijdt.
Mid-Beach, 3900 Collins Ave., tel. 305 538 4900, www.circa39.com, 2 pk vanaf $ 169

Speels
Delano 🏠 kaart 2, C 2
De gevel van dit monumentale art-decohotel uit 1947 werd in de oorspronkelijke staat hersteld. Maar binnenin creëerde topdesigner Philippe Starck in 1994 een postmodern wonderland. De Delano Beach Club wordt later op de avond een ongedwongen club. Het hotel is overigens vernoemd naar de Amerikaanse president Franklin Delano Roosevelt.
South Beach, 1685 Collins Ave., tel. 305 672 2000, www.morganshotelgroup.com/delano/delano-south-beach, 2 pk vanaf $ 300

Pool with a view
Epic Hotel 🏠 F 6
Designhotel met maar liefst 54 verdiepingen aan de monding van de Miami River. Met zwembad op een dakterras op de zestiende etage en panoramisch uitzicht op de baai en de skyline. Groot sport- en wellnessaanbod, yogaklasjes en meditatieworkshops.
Downtown Miami, 270 Biscayne Blvd. Way, tel. 305 424 5226, www.epichotel.com, 2 pk vanaf $ 215

Hip en goedkoop
Freehand Miami 🏠 kaart 4, F 4
Coole designerherberg met een vleugje art deco voor weinig geld in South Beach. Je kunt kiezen tussen een privékamer of een gedeelde – in 'chique jeugdherbergstijl'. Bij het hotel hoort een populaire bar, de Broken Shaker, en rond het zwembad is het altijd feest. Vooral aan te raden voor jongeren.
Mid-Beach, 2727 Indian Creek Dr., tel. 305 531 2727, www.freehandhotels.com/miami, bed op gedeelde kamer vanaf $ 33

Goede verbindingen
Hilton Garden Inn Miami Dolphin Mall 🏠 ten westen van kaart 4, A 5
Dit hotel ligt in Downtown noch aan het strand, maar in het Doral District. Dat drukt de prijs behoorlijk. Uitstekende vervoersverbindingen, zwembad, spa, eersteklas Venezolaans restaurant. Tegenover winkelparadijs Dolphin Mall.
Doral District, 1695 NW 111th Ave., tel. 305 500 9077, www.hiltongardeninn.com, 2 pk vanaf $ 135

Te voet naar de musea
The Langford Hotel 🏠 E 6
Hotel in beaux-artsstijl in een monument uit 1925 waarin vroeger de Miami National Bank zat. Het pas in 2016 geopende hotel heeft 126 elegante kamers met jaren 30-flair en een rooftop bar. De locatie is perfect: vijf minuten lopen van Museum Park en de Bayside Marketplace.
Downtown Miami, 121 SE 1st St., tel. 305 250 0782, www.eurostarshotels.com/eurostars-langford.html, 2 pk vanaf $ 161

Overnachten

Mondain én huiselijk
Mayfair Hotel & Spa 🏠 kaart 3, A 3
Oase van rust in het hart van Coconut Grove. Met ontwerpdetails uit allerlei delen van de wereld werd een inspirerende omgeving geschapen. De enorme suites met eigen jacuzzi, de zwembaden en het wellnessaanbod, de lounge met zeezicht op het dak – je kunt hier heerlijk relaxen. In restaurant Spartico van chef-kok Ted Mendez eet je verse, lichte gerechten waarvan vele bekroond zijn. Ook goede vegetarische kost.
Coconut Grove, 3000 Florida Ave., tel. 305 441 0000, www.mayfairhotelandspa.com, 2 pk vanaf $ 200

Self catering – als je wil
The Mutiny Hotel 🏠 kaart 3, A 3
Het Mutiny (muiterij) is waarschijnlijk het goedkoopste hotel direct aan het water in Coconut Grove. De tweekamersuites hebben grote balkons met zeezicht. Praktisch en comfortabel uitgerust met een keuken met alles erop en eraan. Iets te vet gekookt? In de bijbehorende gym kun je het surplus aan calorieën 24/7 weer kwijtraken en vervolgens kun je nog wat extra zweten in de sauna.
Coconut Grove, 2951 South Bayshore Dr., tel. 305 441 2100, www.mutinyhotel.com, 2 pk vanaf $ 150

Experimenteel
Pelican Hotel 🏠 kaart 2, C 4
Het Pelican is een volslagen bizar experiment. Elke kamer is een fantasiesuite die is geïnspireerd op een televisieserie of een film. De thema's variëren van de westernserie *The High Chaparral* tot *Tarzan* – met de kamernaam Me Tarzan, You Vain. De meeste kamers zijn niet alleen figuurlijk kleurrijk – het interieur kan pijn doen aan je ogen.
South Beach, 826 Ocean Dr., tel. 305 673 3373, www.pelicanhotel.com, 2 pk vanaf $ 155

Bij het vliegveld
Pullman Miami Airport Hotel 🏠 kaart 4, A 5
De grote afstand tussen dit hotel en zowel Downtown als Miami Beach (beide zijn met de auto bereikbaar in zo'n twintig minuten) is zowel een na- als voordeel. Je krijgt hier namelijk veel meer waar voor je geld. 281 kamers en suites met voor deze keten typische goede service en veel comfort. Het mooie uitzicht op de skyline van Miami krijg je er 'gratis' bij.
5800 Blue Lagoon Dr., tel. 305 264 4888, www.pullmanhotels.com, 2 pk vanaf $ 169

Traditioneel
Roam Miami 🏠 D 6
Ondanks de volledige renovatie is dit honderd jaar oude hotel in Little Havana – Miami's oudste pension – zijn historische wortels trouw gebleven. Veel van de kamers worden per week gehuurd, soms zelfs voor maanden. De accommodatie voelt om die reden meer aan als een woongemeenschap dan als een hotel. De gemeenschappelijke woonkamer en werkruimtes dragen bij aan dat gevoel.
Little Havana, 118 SW South River Dr., tel. 732 796 3143, www.roam.co/places/miami, 2 pk vanaf $ 100

Prima stel voor de bruidssuite – Miami is een populaire bruiloftlocatie.

Overnachten

Betaalbare art deco
Hotel St. Augustine kaart 2, C 5
Een kamer in dit hotel betekent een plek midden in het feestgewoel van South Beach. Het St. Augustine op Washington Avenue is een met smaak gerestaureerd oud art-decohotel dat een prachtig interieur combineert met veel comfort. Dat het zo betaalbaar is, mag eigenlijk een wonder heten.
South Beach, 347 Washington Ave., tel. 877 347 8430, www.hotelstaugustine.com, 2 pk vanaf $ 85

Nostalgische art deco
The Tides South Beach
kaart 2, C 3
Het in 1936 gebouwde Tides op Ocean Drive is een heel bijzondere art-decoklassieker. Het was destijds de enige wolkenkrabber in Florida. Je kunt hier luxueus logeren in een klassieke sfeer. De bar en de lobby zijn met hun Egyptische accenten juweeltjes van binnenhuisarchitectuur.
South Beach, 1220 Ocean Dr., tel. 305 604 5070, www.tidessouthbeach.com, 2 pk vanaf $ 100

Ons bin zuunig
The Tropics Hotel & Hostel
kaart 2, C 2
Het goedkoopste hotel in het art-decodistrict, recht tegenover het strand. Je kunt kiezen uit privékamers en hostelachtige zalen met acht bedden. Als je genoegen neemt met een puur 'functioneel' verblijf, maar toch ook faciliteiten als een groot zwembad wilt, is dit de perfecte plek.
South Beach, 1550 Collins Ave., tel. 305 531 0361, www.tropicshotel.com, 2 pk vanaf $ 59

Modern
The Vagabond Hotel kaart 4, D 3
Een van de nieuwste designhotels op Biscayne Boulevard. Het is gebouwd in de karakteristieke moderne Miami-stijl en verwijst met kitscherige neonletters en grote 'vleugels' naar de speelsheid van de jaren 50 en 60. Het bijbehorende Vagabond Kitchen and Bar is een van de populairste tenten van Downtown.

Zeven verdiepingen art deco: Hotel Victor combineert heden en verleden.

Downtown Miami, 7301 Biscayne Blvd., tel. 305 400 8420, www.thevagabondhotel.com, 2 pk vanaf $ 169

Elegantie van de jaren 30
Hotel Victor kaart 2, C 3/4
Deze art-decoklassieker is weer helemaal hot sinds de beroemde ontwerper Yabu Pushelberg het roer overnam. Het herontwerp heeft de kamers een natuurlijke elegantie gegeven die harmonie uitstraalt. 91 tiptop uitgeruste, luxueuze suites met zeezicht of uitzicht op de stad. Zwembad en brasserie.
Miami Beach, 1144 Ocean Dr., www.hotelvictorsouthbeach.com, tel. 305 779 8700, 2 pk vanaf $ 200

Eten en drinken

Miami à la carte

Miami is de laatste vijftien jaar volwassen geworden. In het kielzog van Art Basel is de stad uitgegroeid tot een metropool met smaak en heeft hij een nieuw publiek aangeboord. Dat is nergens zo goed merkbaar als in het culinaire aanbod. De restaurantscene van Miami doet tegenwoordig niet meer onder voor die van New York of Los Angeles. Tot een kleine dertig geleden was er in Miami niet veel meer exotisch te eten dan de Cubaanse gerechten in Little Havana. Je was hier aangewezen op fastfood en de vaak fantasieloze kost van de hotelrestaurants. Maar aan het begin van de jaren 90 werd Miami een high end-winkelbestemming voor miljardairs uit Latijns-Amerika en Rusland – die soms op bedenkelijke wijze aan hun geld waren gekomen. In de strijd om deze clientèle begonnen hotels sterrenchefs in te huren. Ze begonnen een kwaliteitswedloop die ervoor zorgde dat het gastronomische niveau in de hele stad flink steeg.

Internationaal vermaarde chef-koks openden restaurants in Downtown, South Beach, Coconut Grove en Coral Gables. De locals konden niet achterblijven en maakten ook een kwaliteitsslag. De Zuid-Floridiaanse restaurantscene heeft daarbij wel zijn eigen identiteit behouden. In verband met het klimaat is de keuken hier licht en vers. Tegelijkertijd zijn de Cubaanse invloeden overal te proeven, maar de gehele Latijns-Amerikaanse keuken is hier goed vertegenwoordigd – van op de Peruaanse keuken geïnspireerde haute cuisine tot authentieke Mexicaanse taco's van een foodtruck.

OM ZELF TE ONTDEKKEN

Op negen plekken in Miami zijn filialen van **El Palacio de Los Jugos**. Ze zien er allemaal uit als fastfoodtentjes en het aanbod lijkt in eerste instantie met die indruk overeen te stemmen. Maar El Palacio biedt de heerlijkste Cubaanse lekkernijen van de stad: *tamales, chicharrónes* en suikerrietsap voor maar een paar dollar. Downtown: 5721 W Flagler St., tel. 305 262 0070; Little Havana: 14300 SW 8th St., tel. 305 221 1616; Coral Gables: 7085 SW 24th St., tel. 305 269 5116; kijk voor andere locaties op www.elpalaciodelosjugos.com.

Mag het ietsje meer zijn? Bij een Cafecito in Little Havana absoluut!

Eten en drinken

ZO BEGINT EEN MOOIE DAG IN MIAMI

Café Cubano
All Day 🌱 E 4

Coole, bij locals populaire koffietent in de buurt van Museum Park. Omdat de ene koffie nu eenmaal niet de andere is, heeft Camila Ramos, die het café met Chris MacLeod runt, zich gespecialiseerd als barista – ze won al meerdere prijzen. Uitstekende espresso en café cortado en lekkere snacks als *pan con croquetas* en toast met avocado.
Downtown Miami, 1035 N Miami Ave., tel. 305 669 3447, www.alldaymia.com, ma.-vr. 7-19, za., zo. 9-19 uur, vanaf $ 11

Cafecito op Calle Ocho
El Cristo Restaurant 🌱 A 7

De plek voor een traditioneel Cubaans ontbijt midden in Little Havana. Goedkope gerechten van het eiland in een nuchtere kantine-achtige omgeving met veel Little Havana-sfeer. Probeer eens de Cubaanse klassiekers sandwich Cubano en *ropa vieja* (letterlijk 'oude kleding', gesmoord rundvlees met groente) of het El Cristo-ontbijt (circa $ 11): spiegeleieren met ham of worstjes en twee pannenkoekjes. Dan heb je voorlopig in ieder geval wel genoeg gehad.
Little Havana, 1543 SW 8th, www.elcristorestaurant.com, tel. 305 643 9992, dag. 8-24 uur

Groot terras
Greenstreet Cafe 🌱 kaart 3, A 3

Café-restaurant in Coconut Grove met een lange staat van dienst. Binnen gezellig met bakstenen muren met XXL zwart-witfoto's, buiten een groot terras met een aangename, ongedwongen sfeer. Een perfecte plek voor een brunch tussen de locals.
Coconut Grove, 3468 Main Hwy., tel. 305 444 0244, zo.-di. 7.30-1, wo.-za. 7.30-3 uur, www.greenstreetcafe.net, hoofdgerechten vanaf $ 13

Versgebakken
Zak the Baker 🌱 D 1

Zak in Wynwood bakt de beste broden en lekkerste koffiekoeken van de stad. Zijn succes bij de toprestaurants van Miami motiveerde hem een paar jaar geleden zijn eigen zaak te openen. Je kunt hier vanaf 7 uur 's ochtends terecht voor een heerlijke *breakfast sandwich*, zoete gebakjes en sterke Cubaanse koffie. De winkel is zo populair, dat je op elk uur van de dag in de rij moet staan. Het ontbijt gaat naadloos over in de vitaminerijke lunch. Zondags 9-17 uur brunch.
Wynwood, 405 NW 26th St., tel. 786 347 7100, www.zakthebaker.com, dag. 7-19, vr. tot 18 uur

DUURZAAM ETEN

Vers in het streetartdistrict
Alter 🌱 D 1

Alle ingrediënten die de ervaren chef-kok/eigenaar Bradley Kilgore verwerkt, komen uit Florida. De creatieve, industriële-loftsfeer past goed bij de verse en lichte seizoensgerechten. Als je het vijf-, zeven- of achtgangenmenu kiest, moet je niet op de klok kijken. Ook erg goede wijnkaart.
Wynwood, 223 NW 23rd St., tel. 305 573 5996, www.altermiami.com, di.-zo. 19-23 uur, vijfgangenmenu $ 75, wijnarrangement $ 55

Organisch-vers
Michael's Genuine Food & Drink
🌱 kaart 4, D 4

Michael Schwartz' restaurant is al meer dan tien jaar een begrip in het Design District. Uitstekend, ongekunsteld, seizoensgebonden, biologische ingrediënten – dat zijn de kernbegrippen van zijn kookkunsten. Om de kwaliteit te waarborgen, koopt Schwartz in bij zorgvuldig geselecteerde lokale boeren en vissers. Niet alleen het geweldige eten zorgt voor de goede reputatie van het restaurant, ook de sfeer is top.
Design District, 130 NE 40th St., tel. 305 573 5550, www.michaelsgenuine.com, dag. 11.30-23, vr., za. tot 24 uur, brunch zo. 11-16 uur, hoofdgerechten vanaf $ 17

Lokale ingrediënten
Whisk Gourmet 🌱 kaart 4, B 7

Dit bij locals erg populaire restaurant serveert Amerikaanse klassiekers als hamburgers, gefrituurde kip en het in

Eten en drinken

de zuidelijke staten zo geliefde gerecht *shrimp 'n' grits*. De ingrediënten zijn biologisch en komen allemaal uit de buurt van Miami.
Coral Gables, 7382 SW 56th Ave., tel. 786 268 8350, www.whiskgourmet.com, ma.-do. 11-22, weekend 11-23, brunch zo. 10.30-16 uur, hoofdgerechten vanaf $ 20

SANDWICH & CO.

Panini en café con leche
Buena Vista Deli kaart 4, D 4
Café aan de rand van het Design District, met een heerlijk, zij het calorierijk aanbod van koekjes, gebak en sandwiches. Die laatste kunnen dienen als een perfecte lunch tussen het winkelen en het galerie-hoppen.
Design District, 4590 NE 2nd Ave., tel. 305 576 3945, www.buenavistadeli.com, dag. 7-21 uur, sandwiches vanaf $ 8

Mexico-to-go
Coyo Taco D 1 en kaart 4, D 5/6
Overdag koop je bij Coyo Taco de lekkerste taco's-to-go van Miami – en ze zijn nog goedkoop ook. 's Avonds wordt de tent getransformeerd in een bar met dj en livemuziek. Er is ook een filiaal in Brickell.
Wynwood, 2300 NW 2nd Ave., tel. 305 573 8228, www.coyo-taco.com/wynwood, ma.-za. 11-3, zo. 11-23 uur, vanaf $ 8
Brickell, 1111 SW 1st Ave., tel. 786 773 3337, zo.-do. 11-23, vr., za. 11-2 uur

Huisgemaakt en machtig
Enriqueta's Sandwich Shop E 1
Cafetería voor eenvoudige, huisgemaakte Cubaanse gerechten als *pan con bistec* (brood met steak) en *lechón asado* (Cubaans varkensvlees). Wat je ook kiest, je gaat hier gegarandeerd niet hongerig naar buiten.
Wynwood, 186 NE 29th St., tel. 305 573 4681, www.enriquetas.com, ma.-vr. 6.30-19, za. 7-15 uur, sandwiches vanaf $ 8

Belegde broodjes
La Sandwicherie kaart 2, C 3; E 7
Verse, Franse broodjes in het hart van South Beach. Een goede plek om bij te tanken tussen twee clubs – La Sandwicherie is bijna 24/7 geopend. Ook filiaal in Brickell.
South Beach, 229 14th St., tel. 305 532 8934, www.lasandwicherie.com, zo.-do. 8-5, vr., za. 8-6 uur, sandwiches vanaf $ 8
Brickell, 34 SW 8th St., tel. 305 374 9852, zo.-wo. 9-5, do., vr., za. 9-6 uur

Fiesta Mexicana
Taquiza kaart 2, C 3
Authentieke Mexicaanse tacoshop in South Beach met een kaart vol traditionele gerechten. Bestel bijvoorbeeld een *taco al pastor* (met varkensvlees) of van blauw deeg gemaakte mesa-tortillas. Uiteraard spoel je een en ander weg met Mexicaans bier.
South Beach, 1506 Collins Ave., tel. 305 748 6099, www.taquizatacos.com, dag. 10-24, in het weekend tot 2 uur, vanaf $ 10

KLASSIEKERS EN HIPPE ZAKEN

Een vleugje Cariben
Ariete kaart 3, A 3
Chef-kok Michael Beltran groeide op in Little Havana en dat is goed te proeven aan zijn creaties. De gerechten in zijn restaurant in Coconut Grove, dat algauw een cultstatus verwierf, zijn verfijnd en stevig, met een Franse basis en een duidelijk herkenbare Caribische touch.
Coconut Grove, 3540 Main Hwy., tel. 305 640 5862, www.arietemiami.com, ma.-do. 11-15, 16-23, vr., za. 18-23, zo. 18-22, brunch zo. 11-15 uur, hoofdgerechten vanaf $ 20

Midnight snack
Big Pink kaart 2, C 5
Het grote, in 1996 geopende restaurant is makkelijk te herkennen aan zijn roze gevel en Volkswagen Kever in dezelfde kleur voor de deur. Eersteklas pizza's en hamburgers in het hart van South Beach – in het weekend tot ver na middernacht.
South Beach, 157 Collins Ave., tel. 305 531 0888, www.mylesrestaurantgroup.com, ma.-wo. 8-24, do.-zo. 8-2 uur, vanaf $ 15

Eten en drinken

In een van de oude pakhuizen in het Wynwood District werd in 2010 Wynwood Kitchen & Bar gevestigd: een totaalkunstwerk van straat- en kookkunst.

Cross-over
Eating House Miami kaart 4, B 5
Eating House is de laatste paar jaar een van de hotspots van Coral Gables geworden. Creatieve kaart met invloeden uit Italië, Griekenland, het Caribisch gebied en het Verre Oosten. Bijvoorbeeld spruitjes met Koreaanse barbecuesaus, knoflook en gember.
Coral Gables, 804 Ponce De Leon Blvd., tel. 305 448 6524, www.eatinghousemiami.com, di.-vr. 11.30-15, di.-za. 18-23, brunch za., zo. 11-15.30 uur, hoofdgerechten vanaf $ 16

Gastropub
Pinch Kitchen kaart 4, D 3
Gezellige pub met klassieke Amerikaanse keuken. De jonge chefs John Gallo en Rene Reyes houden met een ongekende energie en een flinke dosis enthousiasme vast aan hun motto 'Small Bites. Big Impact'. Naast de lekkere hapjes is er een enorm aanbod interessante ambachtelijke bieren.
Downtown Miami, 8601 Biscayne Blvd., tel. 305 631 2018, www.pinchmiami.com, dag. 12-15, 18-23 uur, hoofdgerechten vanaf $ 20

Wynwoodklassieker
Wynwood Kitchen & Bar D 1
Hier voel je de hartslag van Wynwood. De muren van de zaak zijn beschilderd door gerenommeerde streetartkunstenaars als Shepard Fairey. Je eet dus als het ware ín een kunstwerk. De fijne sfeer gaat gepaard met een gezonde, creatieven keuken met Latijns-Amerikaanse inborst.
Wynwood, 2550 NW 2nd Ave., tel. 305 722 8959, www.wynwoodkitchenandbar.com, ma.-za. 11.30-15.30, 17.30-22.30, do.-za. langer geopend, zo. 11.30-16.30 uur

Eten en drinken

Op Ocean Drive zijn zowel tourist traps als echte verleidingen te vinden.

EXPERIMENTEEL EN ONGEWOON

Prijswinnende hotelkeuken
15th & Vine Kitchen and Bar 🍴 F 7
Hotelrestaurants zijn nog steeds hot in Miami en je vindt er vaak sterrenchefs. Bijzonder populair is 15th & Vine in het W Hotel aan Biscayne Bay. Verfijnde Amerikaanse keuken met een Latijns-Amerikaanse touch, maar ook Europese en Aziatische invloeden. Door de grote ramen heb je een mooi uitzicht op de stad en de baai.
Brickell, 485 Brickell Ave., tel. 305 503 4400, www.wmiamihotel.com, dag. 7-23 uur, hoofdgerechten vanaf $ 23

Dineren in stijl
Bazaar Mar by José Andrés
🍴 kaart 4, D 6
Creatieve visspecialiteiten in het trendy Brickell-district. De binnenruimte werd ontworpen door Philippe Starck en kenmerkt zich door een koele, maar zeker niet onderkoelde sfeer.
Brickell, 1300 S Miami Ave., tel. 305 615 5859, www.sbe.com/restaurants/locations/bazaar-mar, dag. 18-22, zo.-brunch 11-15 uur, hoofdgerechten vanaf $ 12

Mediterraan Miami
Byblos 🍴 kaart 2, C 2
Lichte mediterrane kost voor prima prijzen in het Royal Palm South Beach Hotel. Tot de specialiteiten horen lamsrack en in yoghurt gebakken schol. Het interieur is vooral erg kleurrijk.
Miami Beach, 1545 Collins Ave., tel. 305 508 5041, www.byblosmiami.com, dag. 18-2 uur, hoofdgerechten vanaf $ 19

Duizend-en-een-nacht
Fooq's 🍴 E 4
Een gezellige dinerspot met terras in Downtown Miami. Kleine, veelzijdige kaart met Perzisch-Franse gerechten.
Downtown Miami, 1035 N Miami Ave., tel. 786 536 2749, www.fooqsmiami.com, di.-do. 17.30-22.30, vr., za. 17.30-23 uur, vanaf $ 11

Steaks van het vuur
Los Fuegos by Francis Mallmann
🍴 kaart 4, F 4
Het extravagante Faena Hotel in Miami Beach – futuristische architectuur, inpandige kunstgalerie, loungebar – was vanaf de openingsdag een regelrechte sensatie. Hetzelfde geldt voor het bijbehorende restaurant van de Argentijnse sterrenchef Francis Mallmann. Hier eet je de beste – op open vuur bereide – steak van de stad.
Miami Beach, 3201 Collins Ave., www.faena.com/miami-beach/restaurant/los-fuegos-by-francis-mallmann, 7-11.30, 12-16, 18.30-22, vr., za. tot 23 uur, sandwiches vanaf $ 14, steaks vanaf $ 38

Barbecuefeestje
KYU 🍴 D 1
Een van de populairste tenten in het ultrahippe Wynwood. De sfeer is loft-achtig, industrieel, met ruwe bakstenen muren. KYU staat voor barbecue en dat is ook wat hier de klok slaat. Aziatische en Amerikaanse barbecuegerechten en -technieken zorgen voor een unieke ervaring.

Eten en drinken

Wynwood, 251 NW 25th St., tel. 786 577 0150, www.kyumiami.com, ma.-za. 12-23.30, zo. 11-22.30 uur, hoofdgerechten vanaf $ 31

Lunch op het strand
Lightkeepers 🍷 kaart 4, E 8

In Key Biscayne kun je heerlijk pal aan het strand brunchen (za. en zo.) of lunchen op het terras van het Ritz Carlton. De keuken is licht en modern, met verse oesters en vis van lokale vissers.

Key Biscayne, 455 Grand Bay Dr., tel. 305 365 4156, www.ritzcarlton.com/en/hotels/miami/key-biscayne/dining/lightkeepers, zo.-do. 7-22, vr., za. 7-23 uur, bar langer geopend, hoofdgerechten vanaf $ 25

Soulfood
The Local Craft Food & Drink 🍷 kaart 4, B 6

Er zijn in Miami gek genoeg nauwelijks restaurants te vinden die de traditionele keuken van het zuiden van de Verenigde Staten serveren. The Local in Coral Gables is een heerlijke uitzondering. Geniet van klassieke *Deep South*-delicatessen als *Kentucky hot brown* (een ongelooflijk machtige kalkoensandwich), gekookte pinda's (ook wel boerenkaviaar genoemd) en *fried chicken*. Daarbij kun je kiezen uit een groot aanbod bieren van Amerikaanse microbrouwerijen.

Coral Gables, 150 Giralda Ave., tel. 305 648 5697, www.thelocal150.com, dag. 11-2 uur

Thais in Havana
Lung Yai Thai Tapas 🍷 A 7

Een Thais restaurant midden in Little Havana? Tja, Lung Thai is hier een behoorlijk vreemde eend. Maar de hapjes uit Zuidoost-Azië zijn zo ontzettend lekker, dat ook de overwegend Cubaanse locals ervoor zijn gevallen. Thaise curry's in vele varianten, van mild tot angstaanjagend heet. Ook flink aanbod heerlijke vegetarische gerechten – in deze omgeving bepaald geen gemeengoed.

Little Havana, 1731 SW 8th St., tel. 786 334 6262, www.lung-yai-thai-tapas.com, ma.-do. 12-15, 17-24, vr., za. 12-15, 17-1, zo. 17-24 uur, snacks vanaf $ 6, hoofdgerechten vanaf $ 11

Mediterraan
Mandolin Aegean Bistro 🍷 kaart 4, D 4

Het beste Turks-Griekse restaurant van Miami ligt een beetje verstopt in een achtertuin in het hippe Design District. Eigenaren Ahmet Erkaya en Anastasia Koutsioukis verhuisden van New York naar Miami om in het zuiden hun droom te verwezenlijken.

Design District, 4312 NE 2nd Ave., tel. 305 576 6066, www.mandolinmiami.com, dag. 12-23 uur, hoofdgerechten vanaf $ 18

Oesters slurpen
Mignonette 🍷 F 3

Een voormalig tankstation in Brickell werd getransformeerd tot übercool restaurant. De plek voor alle verse zeevruchten, maar de nadruk ligt op oesters, oesters en nog meer oesters – je kunt elke dag kiezen uit talloze varianten en bereidingswijzen.

Brickell, 210 NE 18th St., tel. 305 374 4635, www.mignonettemiami.com, ma.-vr. 12-15, zo.-do. 17.30-22, vr., za. 17.30-23 uur, brunch za., zo. vanaf 12 uur, oesters vanaf $ 3 per stuk

Barcelona in Miami
NIU Kitchen 🍷 F 5

Moderne interpretatie van de Catalaanse keuken. Intieme, romantische sfeer en een uitstekende menukaart met gerechten als aardappelmousseline met zwarte truffel en octopuscarpaccio.

Downtown Miami, 134 NE 2nd Ave., tel. 786 542 5070, www.niukitchen.com, ma.-do. 18-22, vr., za. 18.23 uur, vanaf $ 11

Art-deconostalgie
Orange Blossom 🍷 kaart 2, C 1

Nostalgisch restaurant in de stijl van de jaren 30 met verfijnde, neo-Amerikaanse gerechten, waarbij de chefs durven te flirten met internationale invloeden. Zijn naam dankt het restaurant overigens aan de luxueuze Orange Blossom-trein die vanaf 1925 tussen New York en Miami reed.

Miami Beach, 2000 Collins Ave., tel. 305 763 8983, Facebook: Orange Blossom, dag. 7.30-23 uur, vanaf $ 20

Eten en drinken

Lunch op de Miracle Mile
Ortanique 🔽 kaart 4, B 6
Gezellige bistro op de Miracle Mile in Coral Gables met verfijnde Caribische en Latijns-Amerikaanse keuken. Familiebedrijf met twintig jaar historie.
Coral Gables, 278 Miracle Mile, tel. 305 446 7710, www.ortaniquerestaurants.com, dag. 11.30-23 uur, hoofdgerechten vanaf $ 17

Weelderig en origineel
Pao by Paul Qui 🔽 kaart 4, F 4
Pao is het hoofdrestaurant van het Faena, het hipste hotel van Miami Beach. Het eten is net zo extravagant als het hotelgebouw. Op de kaart staat een mooie mix van Filipijnse, Japanse en Texaanse barbecuegerechten. Perfect voor een speciale avond die wel wat mag kosten.
Miami Beach, 3201 Collins Ave., tel. 786 655 5600 en 844 798 9713, www.faena.com/miami-beach/restaurant/pao-by-paul-qui, di.-do. 19-23, vr., za. 19-24 uur, hoofdgerechten vanaf $ 18

Sushi en celebs
Zuma 🔽 F 6
Populaire ontmoetingsplaats in het Epic Hotel. Je kunt hier in een licht onderkoelde sfeer met veel aandacht voor design genieten van een cocktail en een romantisch diner met uitzicht op de Miami River. De kaart is modern-Japans, met een hoofdrol voor sushi en sashimi. De champagnebrunch in het weekend is een feestje.
Downtown Miami, 270 Biscayne Blvd. Way, tel. 305 577 0277, www.zumarestaurant.com, ma.-wo. 12-15, 18-23, do., vr. 12-15, 18-24, za. 11.30-14 (brunch), 18-24, zo. 11.30-14.30 (brunch), 18-23 uur, hoofdgerechten vanaf $ 30

DE CUBAANSE KEUKEN

Een hapje Havana
El Exquisito 🔽 A 7
Wat in 1974 begon als klein familierestaurant met slechts twintig plaatsen in de Calle Ocho, is tegenwoordig een instituut waar honderd mensen kunnen plaatsnemen. Ook de huidige eigenaren, die de tent overnamen in 2012, hebben kwaliteit hoog in het vaandel staan. Hun gasten kunnen bijvoorbeeld kiezen voor *bistec de Palomilla* (Cubaanse steak), gebraden lever en ossenstaartstoofpot met *plátanos* (bakbananen).
Little Havana, 1510 SW 8th St., tel. 305 643 0227, www.elexquisitomiami.com, dag. 7-23 uur, sandwiches vanaf $ 11

Carne à la Cubana
Islas Canarias
🔽 kaart 6, G 3
Ongeëvenaard authentiek Cubaans restaurant in het hart van Little Havana. De locals komen hier al vele decennia voor de varkensschenkel naar een origineel recept van oprichters Raul en Amelia Garcia. Ook de *rabo encendido* (ossenstaartstoofpot) en 'steak Uruguayano' zijn heerlijke staaltjes Cubaanse nostalgie.
Little Havana, 3804 SW 137th Ave., tel. 305 559 0111, www.islascanariasrestaurant.com, dag. 6.30-23 uur, hoofdgerechten vanaf $ 12

Mojitos en ceviche
Larios on the Beach 🔽 kaart 2, C 4
Cubaanse keuken voor fijnproevers op Ocean Drive. Originele gerechten en legendarische mojitos van de Cubaans-Amerikaanse popsterren Gloria en Emilio Estefan – of in elk geval van hun personeel. Kleine gerechten als *moros* (rijst en bonen) en ceviche.
South Beach, 820 Ocean Drive, tel. 305 532 9577, www.lariosonthebeach.com, dag. 11-24 uur, gerechten vanaf $ 15

Cuba in South Beach
Puerto Sagua 🔽 kaart 2, C 4
Puerto Sagua heeft al sinds 1968 een speciaal plekje in de restaurantscene van South Beach. Authentieke Cubaanse gerechten waarin de decennialange ervaring te proeven is. Wat je ook kiest van de enorme menukaart, het komt tot in de puntjes verzorgd op tafel.
South Beach, 700 Collins Ave., tel. 305 673 1115, puertosagua.restaurantwebexpert.com, dag. 7.30-2 uur, sandwich vanaf $ 5,95, hoofdgerechten vanaf $ 10,25

Eten en drinken

SNACKKARREN MET EEN CULTSTATUS

Chef Jeremiah – zonder achternaam, al wordt hij vaak Bullfrog genoemd – werkte in de beste restaurants ter wereld, zoals El Bulli en Noma. Hij had de sterrententen voor het uitkiezen, maar had zijn zinnen gezet op iets heel anders dan een traditionele keuken. Jeremiah kocht in 2009 een klassieke, zilverkleurige Airstream-trailer uit 1962 en transformeerde deze in een mobiele keuken. Daarin bereidde hij creatieve variaties op Amerikaanse klassiekers als de hamburger en de pulled pork-sandwiches. Het concept was een doorslaand succes en het begin van een trend. Intussen zie je honderden foodtrucks in de straten van Miami. Er is nauwelijks een toprestaurant te vinden dat zijn waar niet ook via een 'mobiel loketje' verkoopt. In de zakenwijken van Downtown, en dan vooral bij Tropical Park en Museum Park, staat elke werkdag een colonne omgebouwde busjes met de heerlijkste gerechten uit alle windstreken. En ook op Collins Avenue in Miami Beach, in Wynwood en in het Design District kun je 'van de straat eten'. De grootste concentratie foodtrucks zie je echter tijdens de Wynwood Art Walk op elke tweede zaterdag van de maand (▶ blz. 41). En Chef Jeremiah? Die heeft zijn Airstream opgegeven voor een carrière als tv-chef. Wil je weten welke foodtruck op welke dag waar staat, begin dan bij www.roaminghunger.com/food-trucks/fl/miami en ga verder via de Twitter-accounts van de diverse chefs.

Kitsch en Cubaanse sandwiches
Versailles 🍴 kaart 4, C 5
Versailles is veruit het populairste Cubaanse restaurant van Miami. De brunch is voor veel families het hoogtepunt van het weekend. Een deel van de pret is het ongelooflijke kitscherige decor inclusief kroonluchter. De sandwiches zijn heerlijk, met de 'Famous Cuban' uiteraard als hoogtepunt – zoete ham, geroosterd varkensvlees en kaas met mosterd en augurkjes op geroosterd Cubaans brood. Ook de kip- en visgerechten zijn niet te versmaden. Versailles ligt op de Calle Ocho, maar wel een stuk buiten het centrale deel.

Little Havana, 3555 SW 8th St., tel. 305 444 0240, www.versaillesrestaurant.com, ma.-do. 8-1, vr.-za. 8-2.30, zo. 9-1 uur, Famous Cuban $ 6,50, hoofdgerechten vanaf $ 16

Miami's megamalls

Shoppen in Miami is een 'all American' belevenis. Je rijdt naar een van de ijskoude (de airconditioning staat voor Europese begrippen altijd veel te hoog) megamalls en wandelt daar van boektiek naar boetiek, met af en toe een pauze voor een smoothie, pizza of 'decaf no foam skim latte double shot with a drizzle of caramel'.

Zuid-Florida is het land van de luxueuze malls – hypermoderne, door beroemde architecten ontworpen complexen waarin je volledig kunt verdrinken in consumentisme. De laatste decennia is het ene na het andere overdekte winkelcentrum uit de grond gestampt. De consumptietempels laten geen middel onbeproefd om elkaar te overtreffen in de strijd om de shopper.

Ook als shoppen niet je favoriete bezigheid is, zou je op z'n minst even door een mall als het nog vrij nieuwe Brickell City Centre of het chique Bal Harbour Shops moeten wandelen. Unieke boetieks zul je er overigens nauwelijks aantreffen – alles is geënt op Amerikaanse gigantomanie en massaconsumptie.

Maar je kúnt wel wat gezelliger winkelen, zelfs in Miami. Je moet alleen even weten waar. Op de fruitmarkt van Little Havana is het heerlijk mensen kijken en ook tijdens een bezoek aan een van de reggae-platenzaken in Little Haiti of aan The Miami Flea-rommelmarkt kijk je je ogen uit.

OM ZELF TE ONTDEKKEN

Klassieke winkelwijken zoals wij die kennen zul je in Miami tevergeefs zoeken – ook voor *window shopping* moet je in de malls zijn. Op **Lincoln Road** in **South Beach** vind je echter redelijk wat winkels bij elkaar. Een paar blokken zuidelijker ligt **Espanola Way**, een 'authentiek' straatje met Cubaanse en Latijns-Amerikaanse curiosa en restaurants – dat wel erg kitsch overkomt. Andere plekken om zelf te ontdekken zijn de **Miracle Mile**, de hoofdstraat van **Coral Gables**, en het centrale deel van **Coconut Grove** rond **Grand Avenue**. Het gebied is zo compact dat de winkels, cafés en restaurants prima te belopen zijn.

De onderlinge concurrentie tussen de shoppingmalls is groot. Klantvriendelijkheid is dan ook een must.

Winkelen

BOEKEN EN MUZIEK

Boekenwurmwalhalla
Books & Books kaart 4, B 6
De eerste Books & Books werd in 1982 in Coral Gables geopend. Van unieke non-fictie tot de nieuwste bestsellers, hier is alles te koop – en goed advies is inbegrepen. In het café op de binnenplaats kun je met een kop koffie binnen handbereik je aankopen vast 'inlezen'. Vanwege de grote populariteit van de eerste zaak werden er filialen geopend in Coconut Grove, Miami Beach, de Bal Harbour Shops en Key West. Een echte aanrader zijn de lezingen van auteurs.
Coral Gables, 265 Aragon Ave., tel. 305 442 4408, www.booksandbooks.com, zo.-do. 9-23, vr., za. 9-24 uur, vr., za. vanaf 19 uur livemuziek in het café

Onafhankelijk
Bookstore & Kitchen kaart 3, A 3
Eerst lezen en dan eten? Andersom? Of eten en lezen tegelijk? In deze onafhankelijke boekwinkel met café (en gratis wifi) midden in Coconut Grove kun je je hoofd en je maag vullen – dat laatste bijvoorbeeld met allerlei lekkere sandwiches. Een plek met een relaxte, inspirerende sfeer. Hou vooral ook de agenda met interessante lezingen en kleine events in de gaten.
Coconut Grove, 3390 Mary St., Suite 166, tel. 305 443 2855, www.thebookstoreandkitchen.com, dag. 7-19 uur

Muzikale woonkamer
Brooklyn Vintage & Vinyl
kaart 4, D 4
Een van de beste platenzaken in de VS voelt meer als een woonkamer dan een winkel. Zoek je favoriet of ontspan met een kop koffie op een van de sofa's.
Allapattah, 3454 NW Seventh Ave., Unit C, tel. 305 575 9160, www.brooklynvintageandvinyl.tumblr.com

Zoete klanken
Sweat Records kaart 4, D 4
Sweat Records in het hart van Little Haiti is het epicentrum van de muziekscene

Vinyl dood? Bij Sweat Records in Little Haiti worden nog volop lp's verkocht.

van Miami. Zowel dj's als verzamelaars komen hier vinylschatten opgraven. Het aanbod omvat alle genres. Populair zijn niet alleen de lp's, maar ook de concerten en filmvoorstellingen en de Classic Album Sunday. Alleen koffie drinken en mensen kijken mag natuurlijk ook.
Little Haiti, 5505 NE 2nd Ave., tel. 786 693 9309, www.sweatrecordsmiami.com, ma.-za. 12-22, zo. 12-17 uur

KUNST- EN VLOOIENMARKTEN

Diversiteit in Downtown
The Miami Flea kaart E 3
Van kunst en kunstnijverheid tot meubels en tapijten, op deze rommelmarkt vind je alles. Ook het kledingaanbod is enorm. Livemuziek, standjes met snacks, relaxte sfeer, veel locals.
Downtown Miami, 1418 NE Miami Court, eens per maand zo. 17-21 uur, zie de Facebookpagina en www.aedistrictmiami.com.

Bazaarsfeer
Opa-Locka Hialeah Flea Market
kaart 4, B 2
Op de grootste *Flea Market* van Miami – meer bazaar dan vlooienmarkt – bie-

Winkelen

FARMERS MARKETS – MARKTEN VOL VITAMINEN

Hoewel Miami wordt gedomineerd door auto's en megamalls, schieten er in allerlei hoekjes van de stad elk weekend boerenmarkten uit het asfalt. Hier kun je niet alleen vers fruit en verse groente kopen, maar ook allerlei lekkernijen proeven. Een selectie. **Los Pinareños Fruteria** in het hart van Little Havana is de bekendste versmarkt van de stad (B 7, 1334 SW 8th St., tel. 305 285 1135, ma.-za. 7-18, zo. 7-15 uur). Je kunt hier elke dag versgeperste fruitsappen drinken, maar ook vers suikerrietsap en smoothies. Of probeer de beroemde *café batido*, een bananenshake met Cubaanse koffie. Op zondag vindt in South Beach tussen Washington Avenue en Meridian Avenue de **Lincoln Road Farmers Market** plaats (kaart 2, B 2, Lincoln Rd., zo. 9-18.30 uur). Hier vind je een net zo groot aanbod verse waar en specialiteiten als op de **Mary Brickell Village Farmers Market** (E 7, 901 South Miami Ave., zo. 10-16 uur). Ben je op de **Brickell City Centre Farmers Market**, neem dan zeker een smoothie en een Argentijnse empanada (E 7, tussen 7th en 8th Street onder het spoor van de Metromover, zo. 11-18 uur). Op de **Coconut Grove Saturday Organic Market** worden Jamaicaanse specialiteiten verkocht en kun je kiezen uit ambachtelijk ijs met smaken als pinda en kokosmelk (kaart 3, A 3, 3300 Grand Ave./Margaret St., za. 11-19 uur). Hier kun je ook verse biologische levensmiddelen kopen. Op de **Coral Gables Farmers Market** wordt fruit uit de omgeving verhandeld, maar kun je ook terecht voor Cubaanse koffie, gebak en tai-chi- en yogalessen (kaart 4, B 6, 405 Biltmore Way, half jan.-half mrt. za. 8-14 uur).

den meer dan achthonderd handelaren hun (grotendeels nieuwe) waar aan. Van kleding tot sieraden en van keukengerei tot, jawel, auto's. Absoluut een bezoek waard omdat het zo'n bizar bijeenraapsel is van mensen en producten – koopjes zul je er echter nauwelijks vinden.
Opa Locka, 12705 NW 42 Ave., www.opalockahialeahfleamarket.com, dag. 7-18 uur

Family fun
Revelation Marketplace
kaart 6, G 4
Een van de grootste *flea markets* vindt plaats in Homestead District. Met zijn speelplaatsen en het kleine kermisterrein is de markt erg populair bij gezinnen met kleine kinderen. Snacks zijn overal te koop.

Winkelen

Homestead, 27455 S. Dixie Hwy., www.facebook.com/revelationmarketplace, wo.-za. 10-21 uur

Megarommelmarkt
Redland Market Village
 kaart 6, G 4

De Redland Market Village is een fusie van meerdere vlooienmarkten tot één grote megarommelmarkt, aangevuld met een boerenmarkt. Een en ander speelt zich af op een 27 ha groot terrein, waarop ook talloze foodtrucks te vinden zijn.
Homestead, 24420 S Dixie Hwy, www.redlandmarketvillage.com, do., vr. 11-18, za., zo. 7-18 uur

Hippiemode
Tropicana Flea Market
 kaart 4, C 4

Op de Tropicana-rommelmarkt vind je alle mode uit de jaren 60 en 70. Bijvoorbeeld typische sixtiesrokken, schreeuwerig gekleurde schoenen, batik-shirts en Elton John-zonnebrillen.
ten oosten van het vliegveld, 2951 NW 36th St., www.tropicanafleamarket.com, vr.-zo. 7-19 uur

---

CADEAUS, DESIGN, CURIOSA

Worn in Miami
Consignment Bar kaart 4, D 4

Kleine, originele designwinkel waar gedragen mode en accessoires worden verkocht. Je kunt hier vaak voor een prikkie designkleding en vooral schoenen en tassen op de kop tikken.
Little Haiti, 5580 NE 4th Ct. #4a, tel. 305 751 9996, www.consignmentbar.com, ma-za. 11-19, zo. 12-17 uur

Moderne kitsch
Fly Boutique kaart 4, D 3

Kitscherige boetiek met veel retro, bijvoorbeeld mini-jurkjes uit de sixties, maar ook interieuraccessoires in hippiestijl.
Upper East Side, 7235 Biscayne Blvd., tel. 305 604 8503, www.flyboutiquevintage.com

Surfersparadijs
Fritz's Skate, Bike & Surf kaart 2, C 2

Voor de hipste surfshorts, slippers en zonnebrillen moet je hier zijn. Ook surflessen en verkoop en verhuur van surf- en skateboards en fietsen.
South Beach, 1620 Washington Ave., tel. 305 532 1954, www.fritzsmiamibeach.com, dag. 10-21 uur

Voor het goede doel
Lotus House Thrift Chic Boutique
 C 2

Tweedehandsmode voor vrouwen: van jaren 80-blouses tot designlaarzen en leren jassen. Daarnaast excentrieke kunst. Het mooiste is dat de opbrengst ten goede komt aan dakloze vrouwen en kinderen.
Allapattah, 2040 NW 7th Ave., tel. 305 576 4112, www.lotushouse.org

Streetart om mee te nemen
Wynwood Walls Shop D 1

De officiële 'museumwinkel' van de Wynwood Walls. Behalve originele streetart kun je hier ook zeefdrukken, posters, T-shirts en allerlei andere streetart- en graffitisouvenirs kopen. Als je nog plek in je koffer hebt, kun je gaan voor *Wyn-*

Het is niet alles kunst wat blinkt in Wynwood – er is ook een geweldige bakker (Zak the Baker, ▶ blz. 91).

wood Walls Book – het weegt 8 kilo en meet 35 bij 28 cm.
Wynwood, 2520 NW 2nd Ave., tel. 305 576 8205, www.thewynwoodwalls.com, ma.-do. 11-19, vr., za. 11-21, zo. 11-17 uur

---

SHOPPINGMALLS

In de suburbs
Aventura Mall kaart 6, H 2

De Aventura Mall in het noorden van Miami is de best bezochte mall van de

Winkelen

Verenigde Staten. Dat is voor een groot deel te danken aan de filialen van de beroemde New Yorkse warenhuizen Bloomingdale's en Macy's en een zaak van Tiffany & Co., de topjuwelier uit dezelfde stad.

Aventura (zo'n 20 km ten noorden van Downtown), 19501 Biscayne Blvd., tel. 305 935 1110, www.aventuramall.com, ma.-za. 10-21.30, zo. 12-20 uur (restaurants en dergelijke hebben afwijkende openingstijden)

Chic en duur
Bal Harbour Shops kaart 4, F 2
Openluchtwinkelcentrum in het chique Bal Harbour ten noorden van Miami Beach. Hier vind je internationale topdesigners als Dior, Chanel, Prada en Alexander McQueen, maar kun je ook zomaar vijfhonderd dollar stukslaan bij de kapper. Tijdens een lunch bij Le Zoo heb je het idee in een Parijse bistro te zitten – als je tenminste nooit echt in de Franse hoofdstad bent geweest. Hoe dan ook een mooie plek voor *people watching*.

Bal Harbour, 9700 Collins Ave., tel. 305 866 0311, www.balharbourshops.com, dag. 10-21 uur

Winkelen met muziek
Bayside Marketplace F 5
In het centrum van Miami, direct aan de baai, ligt een van de topattracties van de stad, de in 1987 geopende Bayside Marketplace. Behalve winkels en restaurants op drie verdiepingen is hier ook een markt en er treden vaak bandjes op.

Downtown Miami, 401 Biscayne Blvd., tel. 305 577 3344, www.baysidemarketplace.com, ma.-do. 10-20, vr., za. 10-23, zo. 11-21 uur

Mall van de toekomst
Brickell City Centre E 7
Het Brickell is het winkelcentrum van de toekomst – een 'nieuw model mall'. Het hypermoderne complex is 'een stad in de stad' met twee torens met luxe appartementen, een hotel en drie enorme verdiepingen met winkels. Je vindt hier de *usual suspects* als Armani, Boss en Balenciaga en een groot aantal goede restaurants – van barbecue tot veganistisch en prachtige espressobars. Alleen al de futuristische architectuur van Arquitectonica is de moeite waard.

Brickell, 701 S Miami Ave., tel. 305 350 9922, www.brickellcitycentre.com, dag. 10-21.30 uur

De kunst om met weinig middelen veel te laten zien – gezien de overvloed aan consumptiegoederen in Miami en omstreken moeten ook gevestigde merken van alles verzinnen om aandacht te vestigen op hun producten.

Winkelen

Schaduwrijke binnenplaats
CocoWalk kaart 3, A 3
Half open, in mediterrane stijl uitgevoerd shoppingcenter midden in Coconut Grove. In deze mall gaat het er een stuk relaxter aan toe dan in die in Downtown en in het noorden. Je kunt hier rustig zitten op een met palmen omzoomde binnenplaats, koffie drinken en met het thuisfront communiceren via de gratis wifi. Bij Catch a Wave vind je mooie surf- en strandkleding. 's Avonds is het in de bars, vele met livemuziek, gezellig.
Coconut Grove, 3015 Grand Ave., tel. 305 444 0777, www.cocowalk.net, zo.-vr. 10-22, za. 10-23 uur (bars tot 3 uur)

Mall met traditie
Dadeland Mall kaart 4, A 8
Een van de oudste en grootste malls van Miami met 185 winkels. Centraal staan filialen van de New Yorkse warenhuizen Macy's, JC Penney en Saks Fifth Avenue. Nieuw is een chique vleugel met dure merken als Porsche Design.
Dadeland, 7535 N. Kendall Dr., tel. 305 665 6226, www.simon.com/mall/dadeland-mall, di.-za. 8-24, zo. 7-18 uur

Koopjes
Dolphin Mall kaart 6, G 3
Nog plek in je koffer? Kom hem dan voor je terugvlucht hier vullen. De megamall met multiplexbios ten westen van de luchthaven puilt uit met zo'n 250 winkels. En het is een waar paradijs voor koopjesjagers! Veel grote merken, zoals DKNY, Tommy Hilfiger en Nike, hebben in de Dolphin een outletwinkel.
Sweetwater, 11401 NW 12th St., tel. 305 365 7446, www.shopdolphinmall.com, ma.-wo. 10-22, vr., za. 10-23 uur

Winkelen als dagtocht
Mary Brickell Village E 7
Het Mary Brickell Village bevindt zich midden in de jonge, trendy woonwijk Brickell. Behalve talloze modeboetieks voor zowel dames als heren kun je bij tal van schoonheidssalons en kappers mooi(er) laten maken. In de elektronicawinkels kun je uitrekenen of de gunstige wisselkoers opweegt tegen de douane-

Akoestische en visuele pracht zorgen ervoor dat niemand zich tijdens een bezoek aan een mall verveelt.

bepalingen. De meeste locals komen alleen voor de vele restaurants en bars naar Brickell Village (onder meer Blue Martini, Fado Irish Pub en het Peruaanse Cuzco Cucina). De Village is 's avonds een mooie springplank naar het nachtleven van Miami (Beach).
Brickell, 901 South Miami Ave., tel. 305 381 6130, www.marybrickellvillage.com, dag. tot 21 uur (restaurants en bars langer)

Designershops en frozen yogurt
Shops at Merrick Park
kaart 4, B 6
Mooi aangelegde outdoormall met palmen en fonteinen in het hart van Coral Gables. Je vindt hier alles, van topdesigners als Diane von Furstenberg en Hugo Boss tot budgetketens als Gap. Je kunt je *shopping spree* afronden met een bezoek aan Sawa (lichte kost uit het Middellandse Zeegebied en het Verre Oosten) of Yogurberry (verfrissende frozen yogurt).
Coral Gables, 358 San Lorenzo Ave., tel. 305 529 1215, www.shopsatmerrickpark.com, di.-zo. 10-22 uur.

Uitgaan

Megaclubs en Latin nights

Eerlijk is eerlijk. De dagen doorbrengen aan het strand en de nachten in de clubs van South Beach of de salsabars in de Calle Ocho – het is het leven waarvan velen dromen wanneer ze aan Miami denken. Hete, uitgelaten nachten, waarin veel gebeurt dat op andere plekken onmogelijk is, horen al decennialang bij Miami.

Tijdens de drooglegging in de jaren 20 en 30 werd Miami Beach een magneet voor feestgangers uit alle delen van de Verenigde Staten. De maffia baatte in de achterkamers van de hotels illegale speelhallen uit, waar een oneindige stroom Cubaanse rum vloeide. In de jaren 70 en 80 dwarrelden er tonnen cocaïne uit Colombia en Honduras door de straten van Miami naar de feestjes van de *rich and famous*.

South Beach is, onder meer door zijn megaclubs, de bekendste uitgaansplek. Maar het heropgeleefde Downtown kan prima wedijveren met het zuiden van Miami Beach. Ook daar vind je lounges, cocktailbars *with a view* die zich in de loop van de avond transformeren in een hippe club. Nog levendiger gaat het eraan toe in de salsatenten van Calle Ocho, waar de heupen de hele avond zwaaien op Latin-jazz en son Cubano.

OM ZELF TE ONTDEKKEN

Je zomaar laten leiden door de nacht, is in Miami niet altijd even makkelijk. De clubs zitten verspreid en zijn te voet vaak moeilijk bereikbaar. Dat geldt zeker niet voor **Wynwood**, waar de kroegen, feesten en podia geconcentreerd zijn op een paar stratenblokken. Een goed verzamelpunt in Downtown is **Brickell Village**. Van de vele bars in die wijk kun je je later op de avond makkelijk verplaatsen naar de nabijgelegen clubs en lounges.

Local hero DJ Irie. Ook (beroemde) dj's uit het buitenland draaien graag hun plaatjes in Miami.

Uitgaan

BARS EN KROEGEN

Cocktails with a view
Area 31 ✪ F 6
Restaurant en cocktailbar op de zestiende verdieping van het Epic Hotel Downtown. Een van de 'ultralounges' die alles hebben: een prachtig uitzicht over de haven

Het universum van de mixologists.

van Miami, een craft-cocktailbar, twee zwembaden, lekkere hapjes van een sterrenchef (veel ingrediënten komen van de kruidentuin op het terras) en een relaxte happy-hoursfeer.

Downtown Miami, 270 Biscayne Boulevard Way, tel. 305 424 5234, www.area31restaurant.com, dag. tot 23 uur

High society
The Bar at Level 25 ✪ kaart 4, D 6
Grote rooftop bar op de vijfentwintigste verdieping van het Conrad Hotel – weer een bewijs dat het uitgaansleven van Miami zich vaak in hotels afspeelt. Door de grote ramen en het omringende balkon heb je een geweldig uitzicht over Miami en de baai.

Brickell, 1395 Brickell Ave., tel. 305 503 6500, www.conradmiami.com, dag. 18-23 uur

Cocktails en muziek
Blackbird Ordinary ✪ E 7
Cocktailbar in de hippe, jonge wijk Brickell waar regelmatig beroemde dj's draaien. Je danst hier, omringd door een bont gezelschap *young and beautiful*, tot in de kleine uurtjes op hiphop, reggae en house.

Brickell, 729 SW 1st Ave., tel. 305 671 3307, www.blackbirdordinary.com, dag. 15-5 uur

Kunstenaarskroeg
Gramps ✪ D 1
Op welke avond je Gramps in Wynwood ook bezoekt, je wordt er nooit teleurgesteld. Of er nu indie-rockbandjes spelen, dj's draaien of een comedyshow aan de gang is, in deze kunstenaarskroeg is altijd wat te doen.

Wynwood, 176 NW 24th St., tel. 305 699 2669, www.gramps.com, ma.-wo. 11-1, do.-za. 11-15, zo. 11-1 uur

Relaxed bij het zwembad
Skybar at Shore Club ✪ kaart 2, C 1
De poolparty's in de Skybar at Shore Club zijn legendarisch. Beyoncé, Victoria Beckham en andere sterren van de 'SoBe-scene' zijn stamgasten. Om die reden kan het soms lastig zijn binnen te komen. Maar als je een goede indruk wilt krijgen van het beroemde uitgaansleven van South Beach, moet je het op z'n minst proberen.

South Beach, 1901 Collins Ave., tel. 305 695 3100, www.morganshotelgroup.com > Miami Beach > Shore Club, zo.-do. 16-24, vr., za. 16-2 uur

---

HOMO'S EN LESBIENNES

Miami staat bekend om zijn *gay nightlife*. Nergens anders in de VS is het gay-nachtleven zo extravagant. De populairste gayclub is **Twist** in South Beach, met zeven bars en een podium voor gogo-boys onder één dak (✪ kaart 2, C 4, 1057 Washington Ave., tel. 305 538 9478, www.twistsobe.com, dag. 24-5 uur). Net zo uitgelaten gaat het eraan toe in de naburige **Score Nightclub** (✪ kaart 2, C 3, 1437 Washington Ave., tel. 305 535 1111, www.scorenightclub.com, dag. 22.30-5 uur). De **Azucar Nightclub**, de grootste gay latinoclub van de VS, biedt travestieavonden en veel hete salsa (✪ kaart 4, C 6, 2301 SW 32nd Ave., tel. 305 443 7657, www.azucarmiami.net, 22.30-5 uur).

Uitgaan

Area 31 (▶ blz. 105) is een belevenis. Je lijkt de wolkenkrabbers te kunnen aanraken, maar de hectiek van de stad voelt heel ver weg.

Abstracte kunst
Sunset Lounge ☼ kaart 2, A 4
De Sunset Lounge in het Mondrian Hotel is een van de hotste spots voor happy-hourdrankjes in South Beach. Nestel je in een van de dertig *cabañas* bij het zwembad, geniet van een spectaculaire zonsondergang boven Biscayne Bay en vertel een van de mixologists waar je zin in hebt – die maakt er dan een prachtige cocktail van.
South Beach, 1100 West Ave., tel. 305 514 1940, www.morganshotelgroup.com/mondrian, zo.-do. 19-23, vr., za. 19-24 uur

Elektroknallen in het park
Het **Ultra Music Festival** is het grootste festival voor elektronische muziek ter wereld – de editie van 2017 trok maar liefst 165.000 feestgangers. Tijdens het (voor)laatste weekend van maart wordt Bayfront Park één gigantische dansvloer; op zeven podia draaien dan de beste dj's ter wereld. Sinds de eerste editie in 1999 is het festival global gegaan met 'filialen' in onder meer Rio de Janeiro, Kaapstad en Tokio.
www.ultramusicfestival.com

LIVEMUZIEK

Hipsterschuur
Electric Pickle ☼ E 1
Electric Pickle, een 'intieme, door alcohol voortgedreven *love machine*', is met tien jaar dan wel een oudgediende, je ziet het er niet aan af. In de indoor/outdoor kunst- en muziekruimte midden in hipsterwijk Wynwood is altijd wel wat te doen. Overdag wordt kunst gemaakt en tentoongesteld, 's nachts wordt gedanst op livemuziek of plaatjes van dj's.
Wynwood, 2826 N Miami Ave., tel. 305 456 5613, www.electricpicklemiami.com, wo.-za. 22-5 uur

Art deco en hiphop
The Fillmore Miami Beach
☼ kaart 2, C 2
De dependance van de gelijknamige, legendarische club in New York is eve-

Uitgaan

nementenlocatie nummer één in Miami Beach. De acts lopen uiteen van de hotste hiphoppers en moderne latinobands tot ouderwetse revue. Maar niet alleen de optredende artiesten zijn de moeite waard; het Fillmore is een gerestaureerd art-decotheater.
Miami Beach, 1700 Washington Ave., tel. 305 673 7300, www.fillmoremb.com

Jazz en wijn
Lagniappe ☼ kaart 4, D 4
Een avond met frisse-luchtgarantie: Lagniappe is een wijnbar in New Orleans-stijl onder de blote hemel in Wynwood. Pak binnen een fles en een bordje met koude lekkernijen, vind een plekje in de tuin en geniet van de klassieke Dixiesound.
Wynwood, 3425 NE 2nd Ave., tel. 305 576 0108, www.lagniappehouse.com, dag. 18-2, livemuziek 9-24 uur

Livemuziek en bier
Wood Tavern 🍺 D 1
Casual, maar hippe bar in het Wynwood District met lekkere cocktails, een dertigtal soorten bier en dagelijks optredens in de met graffiti bespoten binnenplaats. En goede plek om je onder de locals te begeven.
Wynwood, 2531 NW 2nd Ave., tel. 305 748 2828, www.woodtavernmiami.com, ma. 17-2, di.-za. 17-3, zo. 15-24 uur

LATIN MUSIC

Sexy
La Covacha ☼ kaart 6, G 2/3
Het ten westen van het vliegveld gelegen Sweetwater is de uitgaansplek van de jonge Latijns-Amerikanen. Hoe heet het er in La Covacha aan toe gaat? Nou, in 2017 moest de club tijdelijk zijn deuren sluiten omdat een aantal gasten zich op de dansvloer ontdeed van alle kleding. Nadat de uitbater had beloofd dat het nooit meer voor zal komen, mocht de club weer open.
Sweetwater, 10730 NW 25st St., tel. 305 594 3717, www.lacovacha.com, ma.-do. 10-23, vr. 10-5, za., zo. 22-5 uur

Salsa
Hoy Como Ayer ☼ kaart 4, C 5
De authentiekste salsabar ten noorden van Havana. Een kleine, intieme ruimte met een paar tafeltjes, rumcocktails tot je erbij neervalt en heerlijk ritmische Latijns-Amerikaanse muziek tot in de klein uurtjes.
Little Havana, 2212 SW 8th St., tel. 305 541 2631, www.hoycomoayer.us, do.-za. 8.30-4 uur

Latin jazz
Ball & Chain ☼ A 7
Een latin-jazzicoon midden in Little Havana – sinds de jaren 30 in bedrijf. Op twee podia, eentje binnen, eentje in de tuin,

---

MIAMI VOOR FILMFANS

Naar de film kun je in Miami en omstreken zowel in enorme bioscomplexen in shoppingmalls (bijvoorbeeld in de Aventura Mall) als in charmante arthousezaaltjes als het gerestaureerde **Tower Theater** in de Calle Ocho (☼ A 7, www.towertheatermiami.com). In de **O Cinema Wynwood** worden kunstfilms en klassiekers vertoond – je 'hangt' er heerlijk op sofa's met een biertje in je hand en nootjes op tafel (☼ E 1, www.o-cinema.org). Een bijzondere filmavond kun je beleven in het chique, intieme **Cinépolis Coconut Grove**. Drank en spijs wordt gewoon naar je toe gebracht tijdens de film (☼ kaart 3, A 3, www.paragontheaters.com).

Uitgaan

spelen Latijns-Amerikaanse trompettisten en saxofonisten dansbare jazz tot de zon opkomt boven Biscayne Bay. Zweten is hier absoluut gegarandeerd.
Little Havana, 1513 SW 8th St., tel. 305 643 7820, www.ballandchainmiami.com, ma.-wo. 12-24, do., vr. 12-3, za. 11-3, zo. 11-1 uur

Dinner and a show
El Tucán ✪ kaart 4, D 5
El Tucán doet de oude traditie van de dinnerclubs herleven in het hippe Brickell. Geniet aan met witte tafellakens gedekte tafels van de verfijnde Cubaanse gerechten en optredens van latinopop- en jazzartiesten en de Tucán-huisband. Geen slippers, geen shorts – met een jasje en een avondjurk zit je altijd goed. Menu's vanaf $ 55, maar je mag ook aan de bar, met een cocktail in je hand, van de show genieten.
Brickell, 1111 SW 1st Ave., tel. 305 535 0065, www.eltucanmiami.com, Dinner & A Show vr., za. 19.30 en 22.30, club do.-za. van 00.30 uur

Salsa
YUCA ✪ kaart 2, C 2
YUCA staat voor 'Young Urban Cuban Americans' en die zie je hier dan ook in groten getale. De jonge Cubanen ontmoeten elkaar hier om salsa te dansen. Op de begane grond worden Cubaanse specialiteiten geserveerd en in de balzaal op de tweede verdieping kun je op woensdag- en vrijdagavond een stoomcursus salsa krijgen, zodat je geen modderfiguur slaat op de dansvloer.
Miami Beach, 501 Lincoln Rd., tel. 305 532 9822, www.yuca.com, zo.-do. 12-23, vr., za. 12-24 uur

DANSEN

Feestkelder
Basement ✪ kaart 4, F 4
Bij Basement móet je wel dansen – er zijn geen zitplaatsen in de club. Maar als je er echt geen zin in hebt, kun je ook een rondje schaatsen (ja, op ijs) of je strikes oefenen op de bowlingbaan.
Miami Beach, 2901 Collins Ave., www.basementmiami.com, dag. 17-2, wo., za., vr. tot 5 uur

Downtown techno
Club Space ✪ E 4
In Club Space, een van de oudste technoclubs in Downtown, draaien de po-

Om zo lekker te kunnen babbelen aan de rand van het zwembad van een club moet je wel eerst langs de uitsmijter/portier/doorbitch (Skybar at Shore Club, ▶ blz. 105).

Uitgaan

pulairste house-dj's. Je danst hier in een oud pakhuis en op het dakterras, waar het feest vaak tot de volgende ochtend doorgaat – soms tot de lunch.

Downtown Miami, 34 NE 11th St., tel. 786 357 6456, www.clubspace.com, deels 24/7 geopend, zie site voor exacte openingstijden

Around the clock
E11EVEN Miami ☼ E 4

Sinds de opening in 2014 is dit de club der clubs in Miami. En het feest stopt hier nooit – E11EVEN is vierentwintig uur per dag geopend. Begin de avond met een stukje erotisch cabaret op het hoofdpodium en dans vervolgens tot je voeten niet meer kunnen.

Downtown Miami, 29 NE 11th St., tel. 305 829 2911, www.11miami.com, 24/7 geopend

Megaparty
LIV ☼ kaart 4, F 4

Dé megaclub van South Beach! Hier kun je feesten met de *rich and famous* van South Beach – voor zover het je lukt binnen te komen tenminste. Mocht die horde genomen zijn, dan is het volgende probleem de limiet van je creditcard.

South Beach, 4441 Collins Ave. (in de Fontainebleau Shops), tel. 305 674 4680, www.livnightclub.com, dag. 23-5 uur

From Ibiza with love
STORY Nightclub ☼ kaart 2, C 5

Na LIV de tweede megaclub van David Grutman in Miami Beach. Tijdens een vakantie op Ibiza ontdekte hij de elektromuziek en hij bracht deze naar Miami. STORY en LIV horen tot de succesvolste clubs van de Verenigde Staten.

South Beach, 136 Collins Ave., tel. 305 479 4426, www.storymiami.com, do.-za. 23-5 uur

Hoog in de lucht
Whisper Cocktail Lounge ☼ F 7

Een van de coolste hotspots om de nacht in te luiden. Cocktails en housebeats op de vijftigste verdieping van het W Hotel met een fantastisch uitzicht op de baai.

Brickell, Downtown Miami, 485 Brickell Ave., www.wmiamihotel.com, wo., do. 18-23, vr., za. tot 2.30 uur

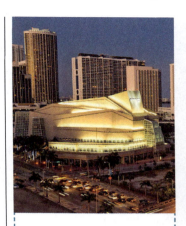

HET GROTE PODIUM

Voor internationale topacts heeft Miami drie podia beschikbaar. Het hypermoderne **Adrienne Arsht Center for the Performing Arts** (foto) is gebouwd voor ballet en opera, maar er treden ook grootheden uit de pop-, rock- en jazzwereld op (☼ F 3, 1300 Biscayne Blvd., tel. 305 949 6722, www.arshtcenter.org).

In de **American Airlines Arena** spelen de basketballers van Miami Heat – drievoudig NBA-kampioen – hun thuiswedstrijden. Wanneer er niet wordt gesport, treden hier wereldsterren op – van Lady Gaga tot Kanye West (☼ F 4/5, 601 Biscayne Blvd., tel. 786 777 1000, www.aaarena.com).

Het **New World Center** in Miami Beach is de thuishaven van het symfonieorkest van Miami, het New World Symphony. Het door Frank Gehry ontworpen gebouw is super-hightech. De concerten worden digitaal geprojecteerd op de buitenmuur, waar je er gratis van kunt genieten (☼ kaart 2, C 2, Miami Beach, 500 17th St., tel. 305 673 3330, 800 597 3331, www.nws.edu).

Reisinformatie

AANKOMST

... met het vliegtuig
Miami International Airport (MIA) ligt zo'n 11 km ten westen van Downtown Miami (tel. 305 876 7000, www.miami-airport.com).
Naar de stad: de snelste en goedkoopste manier om van de luchthaven in de stad te komen, is de **MIA Mover**, een volledig automatische monorail. Neem de Mover van de terminal naar het zogenaamde **Miami Intermodal Center** (MIC, www.micdot.com), een 'verdeelstation' voor verschillende transportmiddelen ten oosten van het vliegveld – een rit van vier minuten. Hier kun je voor $ 2,25 de **Orange Line** van de **Metrorail** nemen naar Downtown Miami (www.miamidade.gov/transit/metrorail.asp). Daar zijn twee haltes: Government Center en Brickell. Je kunt vanaf het MIC ook een taxi nemen. Een ritje naar Downtown kost $ 22, naar Miami Beach $ 35-40. **Uber** en het bij ons minder bekende alternatief **Lyft** zijn goedkoper (Miami Beach vanaf circa $ 20). Je moet je voor deze taxi-apps wel van tevoren aanmelden met een creditcard en het is handig om het ritje te bestellen wanneer je gratis wifi hebt (in dit geval in de terminal), anders ben je je 'winst' zo weer kwijt aan hoge roamingkosten.
Een alternatief zijn de busjes van **SuperShuttle**, die je deelt met andere reizigers. Let wel op dat je hier per persoon betaalt – soms is een taxi dus alsnog goedkoper. Je kunt van tevoren een rit boeken op www.supershuttle.com/locations/miamimia. Echt goedkoop is de **Miami Beach Airport Express** ($ 2,25 per persoon, www.miamidade.gov/transit/bus-airport-flyer.asp).

Dat Miami een kunstmetropool is, merk je al op het vliegveld, dat jaarlijks meer dan 44 miljoen passagiers uit de hele wereld verwelkomt.

Reisinformatie

ORKAAN IRMA, DUURZAAM REIZEN

Miami is in de zomer van 2017 nog net door het oog van de naald gekropen toen orkaan Irma over het vasteland trok. In Downtown en Miami Beach stond het water dan wel kniehoog in de straten, maar het had een stuk erger kunnen zijn. Zoals in Key West bijvoorbeeld, dat volledig onvoorbereid leek op de tropische storm van de vijfde categorie. Daar richtte Irma zware verwoestingen aan. Zuid-Florida heeft altijd veel last van tropische stormen en orkanen. Het stormseizoen in de late zomer en herfst laat het schiereiland bijna elk jaar wel op zijn grondvesten schudden. Bovendien heeft de door klimaatverandering stijgende zeespiegel het risico op overstromingen de laatste decennia vergroot. Als toerist kun je niet veel meer doen dan je informeren over de actuele stand van zaken.

Op het gebied van duurzaamheid is het belangrijk om het ecosysteem met zorg te behandelen. Als het gaat om de koraalriffen en de Everglades kunnen kleine dingen grote verschillen maken. Je kunt bijvoorbeeld naar het rif zeilen of kajakken in plaats van met een speedboot erheen te knallen. Verken de Everglades te voet of per kano, niet met een airboat, en volg altijd de aanwijzingen van de park rangers op. Laat je bijvoorbeeld in Crandon Park op Key Biscayne informeren over het ecosysteem. Vraag locals in Key West naar de herstelplannen en kijk of je ergens mee kunt helpen. Vuilnis hoort niet in de natuur, maar in afvalbakken. En doe zuinig met het vaak schaarse drinkwater

Als je de wederopbouw van de Keys wilt ondersteunen, doneer dan aan het door de overheid opgezette wederopbouwfonds via www.cffk.org.

DIPLOMATIEKE VERTEGENWOORDIGING

Consulaat van Nederland: 701 Brickell Ave., suite 500, Miami, FL 33131, tel. 786 866 0480 (24/7), mia-ca@minbuza.nl.
Consulaat van België: 100 N Biscayne Blvd., suite 500, Miami FL 33132, tel 305 600 0982, consulmiami@gmail.com.

INFORMATIE

Greater Miami Visitor Center: 701 Brickell Ave., Suite 2700, Miami, FL 33131, tel. 305 539 3000, ma.-vr. 8.30-18 uur. Op het hoofdkantoor van de 'VVV van Miami' kun je terecht voor plattegronden, folders en antwoord op zo'n beetje alle vragen die je over Miami en omstreken zou kunnen hebben, ook over bijvoorbeeld uitstapjes naar de Everglades en Key West. Vriendelijke medewerkers helpen je bij het plannen en boeken van activiteiten en dagtochten. Op de website (www.miamiandbeaches.com) staan talloze goede tips.
Het toeristenbureau heeft uiteraard ook een aantal kantoren op plekken waar veel bezoekers komen:
Miami Beach: 1620 Drexel Ave., tel. 305 674 1414
Key Biscayne: 88 W McIntyre St., tel. 305 361 5207
Coconut Grove: 55 SW 17th Rd., tel. 305 859 2867
Key West Chamber of Commerce: 510 Greene St., Key West, tel. 305 294 2587, www.keywestchamber.org, ma.-vr. 8-17.30, za., zo. 9-17 uur

OPENBAAR VERVOER

Miami heeft twee monorailnetten, Metrorail en Metromover. **Metrorail** is een treinnetwerk dat forenzen van de buitenwijken naar de stad brengt. Een netwerkkaart kun je vinden op www.miamidade.gov/transit/metrorail-

Reisinformatie

stations.asp, een enkele reis kost vanaf $ 2,25. Het **Metromover-systeem** heeft drie lijnen die de binnenstad doorkruisen. Het gratis te gebruiken systeem is ideaal voor mensen die Downtown en Brickell willen verkennen. Kijk voor een kaart op www.miamidade.gov/transit/library/metromover-map.pdf. Voor beide systemen is ook een smartphoneapp beschikbaar.
Metrobus: Miami beschikt ook over een busnetwerk met negentig routes en meer dan duizend bussen. Populair is lijn 123, die langs de stranden van South Beach rijdt. Een ritje kost slechts 25 cent.
Watertaxi: watertaxi's vertrekken bij de Bayside Marketplace en varen naar een aantal bestemmingen in Miami Beach, Key Biscayne en langs de Miami River. Een enkele reis kost vanaf $ 15 (tel. 305 600 2511, www.watertaximiami.com).

BIKE SHARING

Miami en Miami Beach beschikken over een aantal *bike sharing*-netwerken. Het beste is **Citi Bike** met zo'n tweeduizend fietsen en 'stations' in Downtown, Miami Beach, Surfside en de Bay Harbor Islands. Een fiets 'lenen' is eenvoudig: creditcard in de automaat en rijden maar. Een overzicht van de stations en meer info vind je op www.citibikemiami.com en de smartphoneapp. De fietsen kosten $ 4,60 voor het eerste halfuur, $ 6,50 per uur, $ 10 voor twee uur, een dagpas $ 24. Omdat er zo veel stations zijn, is een dagpas meestal niet goedkoper. Met een 30 Day Deluxe Membership Pass mag je voor $ 35 een maand lang zo veel ritjes van een uur maken als je wilt.

REIZEN MET EEN BEPERKING

Miami is relatief goed toegankelijk voor mensen met een beperking. Openbare gebouwen als het vliegveld zijn barrièrevrij, net als musea, de meeste hotels en de vele shoppingmalls. De stranden beschikken meestal over een houten wandelpromenade en er liggen vaak matten tot aan het water. Stranden als Crandon Park Beach en Haulover Beach hebben speciale ligstoelen voor mensen met een beperking. In de Everglades heeft het Shark Valley Visitor Center (▶ blz. 69) rolstoeltoegankelijke wandelpaden. Meer informatie kun je vinden op www.miamiandbeaches.com/plan-your-trip/accessible-travel.

RONDLEIDINGEN

Big Bus Miami hop on, hop off: geniet van het prachtige uitzicht op de oceaan en Miami's spectaculaire architectuur vanaf het zonnedek van een dubbeldekkerbus. Je kunt tijdens de twee uur durende rondrit in- en uitstappen waar je wilt. Dagelijks vanuit de Bayside Marketplace, vanaf $ 45 (online goedkoper), www.bigbustours.com.
Art Deco Walking Tour: verken de wereldberoemde art-decoarchitectuur van South Beach (▶ blz. 21).
Wynwood Art Walk: wandelingen door de wijk met informatie over de kunst en kunstenaars. Ook per fiets of golfkarretje. Vanaf drie personen kun je ook een privétour boeken (www.wynwoodartwalk.com, tel. 305 814 9290, vanaf $ 29).
Fietstocht door Coral Gables: het Coral Gables Museum organiseert elke derde zondag van de maand om 10 uur een fietstocht met gids door de 'City Beautiful'. Bewonder vanuit het zadel de prachtige *mediterranean-revival*-architectuur (285 Aragon Ave., Coral Gables, tel. 305 6038067, www.coralgablesmuseum.org/tours).
Miami Culinary Tours: culinaire wandelingen door Little Havana, Wynwood, South Beach en het Design District. Een leuke manier om de culinaire diversiteit van Miami te ontdekken (1000 5th St., Suite 200, Miami Beach, FL 33139,

Reisinformatie

tel. 786 942 8856, www.miamiculinarytours.com, vanaf $ 56).

VEILIGHEID EN NOODGEVALLEN

Miami heeft als het om criminaliteit gaat misschien een slechte reputatie, maar de realiteit is lang zo erg niet – de kans om op straat verstrikt te raken in een vuurgevecht à la *Miami Vice* is nihil. De criminaliteitscijfers zijn in Greater Miami, net als in de meeste andere grote steden in de Verenigde Staten, de laatste vijftien jaar flink gezakt. Dat betekent niet dat je niet op je hoede moet zijn, zeker op plekken waar veel mensen bij elkaar komen, zoals 's nachts in het uitgaansgebied van South Beach. In sommige wijken, bijvoorbeeld Liberty City en Overtown, is het niet verstandig na zonsondergang op straat te lopen – maar daar heb je eigenlijk ook helemaal niets te zoeken. Bij noodsituaties bel je uiteraard meteen met het **gratis noodnummer 911**.

Voor medische noodgevallen is **MD Now – Urgent Care** met meer dan twintig klinieken in Miami en omstreken aan te bevelen (www.mymdnow.com). Hier word je sneller en goedkoper geholpen dan tijdens een noodopname in het ziekenhuis.

Ook in Miami en vooral in Miami Beach wint de fiets steeds meer terrein. Dat is voor een deel te danken aan de bike sharing-systemen (zie linkerpagina) die het makkelijk maken net als de locals door bijvoorbeeld South Beach te trappen.

Hoe zegt u?

I'm sorry con excuse me.

Spanglish voor 'pardon' of 'sorry'

Getty

Synoniem voor 'feestje'
Komt van *Get together*
'Let's go to that getty'

EATING SHIT

Poep eten
je vervelen

Papichulo

Knappe vent

CAFECITO

Als in 'Let's drink a Cafecito'
*Wordt in Miami échte (Cubaanse)
koffie mee bedoeld*

Bro

Afkorting voor 'brother'
Vriendelijke manier van aanspreken

Cojelo con take it easy.

Spanglish voor
'Doe effe relaxed'

Casa de Yuca

Huis van de Yuca
*'That's Casa de Yuca' zeg je wanneer iets
aan de andere kant van de stad ligt*

Estantera

Mooie vrouw

CHANX

Sandalen, slippers

Que cute.

Spanglish voor 'hoe zoet'
Die gast aan de bar is 'que cute'

Register

15th & Vine Kitchen and Bar 45, 94

A
aankomst 110
Adrienne Arsht Center for the Performing Arts 109
Al Capone 20, 128
Alchemist Gastropub & Bar 77
All Day 91
Alter 42, 91
American Airlines Arena 46, 109
Amici Market 77
Aqua Hotel 87
Arahis Bakery 48, 50
Area 31 45, 105
Ariete 92
Art Basel Miami Beach 7, 9, 40
Art Deco District 10, 20
Aventura Mall 101
Azucar Nightclub 105

B
Backyard BBQ 29
Bal Harbour 10, 28
Bal Harbour Shops 30, 102
Ball & Chain 4, 50, 107
Bar at Level 25 105
Barbara Baer Capitman Memorial 81
Barceloneta 26
Barnacle Historic State Park 56
barrièrevrij reizen 112
bars 87, 105
Basement 26, 108
Bass Museum of Art 23, 78
Bayfront Park 46, 81, 85
Bay of Pigs Museum 49, 79
Bayside Marketplace 46, 102
Bazaar Mar by José Andrés 94
Big Cypress Gallery 67
Big Pink 26, 92
Bike & Surf 101

Bill Baggs Cape Florida State Park 54, 84
Biltmore Hotel 61
bioscoop 16, 107
Biscayne National Park 63, 84
Blackbird Ordinary 105
B & M Market & Roti Shop 34
Boater's Grill 54
Boca Chita Key 64, 65, 84
Books & Books 4, 30, 62, 99
Bookstore & Kitchen 99
Brasserie Central 62
Breakers 75
Breakwater 22
Brewing Buddha Cafe 84
Brickell City Centre 5, 44, 100, 102
Brickell District 10, 44
Brickell Village 104
Broken Shaker 25
Brooklyn Vintage & Vinyl 99
Buena Vista Deli 92
Butcher, Clyde 67
Byblos 94

C
Cafe Boulud 77
Café Con Leche 45
Cafe Ragazzi 29
Calle Ocho (SW 8th Street) 47, 48
Calle Ocho Walk of Fame 49
camping 84
Cape Florida Lighthouse 54
Capitman, Barbara Baer 21, 81
Caracol Restaurant 31
Carlyle 22
Catch a Wave Surf Shop 58
Challenger Memorial 81
Chef Creole 34
Chez Le Bebe 34
Churchill's Pub 35
Cinépolis Coconut Grove 107

Circa 39 87
Citi Bike 25, 112
Clive's Cafe 34
Club Space 45, 108
Coconut Grove 11, 55, 98, 100
Coconut Grove Arts Festival 58
CocoWalk 57, 103
Collins, John S. 22
Colony Theatre 23
Concrete Beach Brewery 42
Coral Gables 5, 6, 11, 59, 98
Coral Gables Farmers Market 100
Coral Gables Museum 62
Coyo Taco 42, 92
Crandon Park 54
Crockett, Sonny 128
cruises 82
Cubaocho Museum & Performing Arts Center 49

D
Dadeland Mall 103
dansen 4, 108
Dante Fascell Visitor Center 64
Delano 87
Design District 11, 36, 81
Design Shop 101
diplomatieke vertegenwoordiging 111
DIRT 26
Dolphin Mall 103
Domino Park 48
Douglas, Marjory Stoneman 54, 128
Downtown Miami 10, 43
duiken 65, 82
Dune Burgers on the Beach 54
duurzaam reizen 86

E
E11EVEN Miami 109
Eating House Miami 93
El Cristo Restaurant 91

115

Register

Electric Pickle 106
El Exquisito 50, 96
Elliott Key 65
El Palacio de Los Jugos 90
El Rey de las Fritas 50
El Titan de Bronze 48
El Tucán 108
Enriqueta's Sandwich Shop 92
Epic Hotel 87
Ernest Hemingway Home & Museum 71
Espanola Way 98
Estefan, Gloria 49, 128
Estefan Kitchen 38
eten en drinken 90
Everglades City 67
Everglades National Park 11, 66

F
Faena Hotel 9, 26
Fairchild Tropical Botanic Garden 61
Farmers Markets 100
feesten en festivals 22, 46, 49, 57, 58, 106
fietsen 25, 53, 67, 75, 112
Fillmore Miami Beach 106
Flagler, Henry M. 9, 74, 81, 128
Flagler Museum 75
Florida Keys 9, 11, 70
Florida Keys Eco-Discovery Center 73
Fly Boutique 101
Fly's Eye Dome 37
Fooq's 94
Fowey Rocks Lighthouse 65
Freedom Tower 46
Freehand Miami 87
Fritz's Skate, Bike & Surf 27, 101
Fuller, Buckminster 37

G
galeries 37, 40
Gibb, Barry 128
Gold Coast Highway 30

Goldman, Tony 41
Goombay Festival 57
Gramps 105
Grand Avenue 98
Greenstreet Cafe 58, 91

H
Hadid, Zaha 8, 37, 46
Haitian Heritage Museum (HHM) 79
Harry's Pizzeria 38
Haulover Beach Park 31
Hemingway, Ernest 71
Hilton Garden Inn Miami Dophin Mall 87
Historic Virginia Key Beach Park 53
HistoryMiami Museum 46
Hobie Beach 53
Holocaust Memorial Miami Beach 81
homo's 105
Horowitz, Leonard 20
Hotel St. Augustine 89
Hotel Victor 89
Hoy Como Ayer 50, 107

I
informatie 111
Institute of Contemporary Art (ICA Miami) 37, 79
International Polo Club 76
Islas Canarias 96

J
Jaguar 58
Jewish Museum of Florida FIU 78
Joanie's Blue Crab Cafe 69
Johnson, Don 128
Jonathan Adler 37
Jones Lagoon 64
Jose Cuervo Reef 83
Josh's Deli 29
Julia Tuttle Statue 81

K
Key Biscayne 11, 51
Key West 5, 7, 9, 11, 70
Key West Shipwreck Museum 72

klimaat 8
koraalrif 63
KYU 42, 94

L
La Covacha 107
Lagniappe 107
Langford Hotel 87
Larios on the Beach 96
La Sandwicherie 92
Latin Music 107
Le Corbusier-sculptuur 81
lesbiennes 105
Le Zoo 30
Libreri Mapou 33
Lighthouse Cafe 54, 84
Lightkeepers 95
Lincoln Road 98
Lincoln Road Farmers Market 100
Little Haiti 11, 32
Little Haiti Cultural Center 33
Little Havana 4, 7, 11, 47
LIV 26, 109
livemuziek 106
Local Craft Food & Drink 95
Locust Projects 41
Lombardi, David 41
Los Fuegos by Francis Mallmann 38
Los Pinareños Fruteria 49, 100
Lotus House Thrift Chic Boutique 101
Lowe Art Museum 79
Lummus Park 81
Lummus Park Beach 25
Lung Yai Thai Tapas 95

M
MacArthur Causeway 6
Macy's 44
Makoto 30
Mandolin Aegean Bistro 95
Mango's Tropical Cafe 25
Mar-a-Lago 75
Margulies Collection at the Warehouse 41

Register

Mariah Brown House 57
Marjory Stoneman Douglas Biscayne Nature Center 54
Markowicz Fine Art 38
Mary Brickell Village 44, 45, 103
Mary Brickell Village Farmers Market 100
Matheson Hammock Park 61
Máximo Gómez Park 47, 48
Mayfair Hotel & Spa 88
McAlpin 22
Meat Market 26
mediterranean revival style 21
Merrick, George E. 59, 61
Metrobus 112
Metromover 44, 112
Metrorail 110, 111
Miami Beach 10, 13, 16, 20, 24
Miami Beach Marina 82
Miami Dade College Museum of Art and Design 46
Miami Flea 99
Miami Intermodal Center 110
Miami International Airport (MIA) 110
Miami Seaquarium 53
Miami Vice 6, 22, 128
Miami Water Sports 53, 82
MIA Mover 110
Miccosukee Indian Village 67
Michael's Genuine Food & Drink 38, 91
Mid-Beach 10, 25
Midori Gallery 57
Mignonette 95
Miracle Mile 61, 98
moeras 67
moeraswandelingen 67
Monty's 26
Moore Building 37
mountainbike 53
Munroe, Ralph Middleton 56

Museum of Contemporary Art North Miami (MoCa) 78
Museum of the Everglades 68
Museum Park 44
Mutiny Hotel 88

N
News Cafe 24
New World Center 16, 109
Nikki Beach Club 25
NIU Kitchen 95
North Beach 10

O
Ocean Drive 20
Ocean Rescue Headquarters 21
O Cinema Wynwood 107
Oleta River State Park 30
One Thousand Museum 8, 46
Opa-Locka Hialeah Flea Market 99
Orange Blossom 26, 95
orkaan 6, 8, 21, 67
Ortanique 62, 96
overnachten 86
Overtown 11, 34

P
Palm Beach 74
Palm Court 37, 81
Palm Island 21
Pan American Art Projects 41
Panorama Tower 44
Panther Coffee 4, 42, 58
Pao by Paul Qui 96
Paseo de las Estrellas 49
Patricia & Phillip Frost Art Museum 78
Patterson, James 128
P.B.Boys Club 77
Peacock Park 56, 85
peddelsurfen 83
Pelican Hotel 88
Pérez Art Museum 43, 44
Phillip and Patricia Frost Museum of Science 46

Pinch Kitchen 93
Pizza Al Fresco 77
Poitier, Sidney 128
Ponce de Léon, Don Juan 54, 63
Puerto Sagua 23, 26, 96
Pullman Miami Airport Hotel 88

R
Redland Market Village 101
restaurants 90
Revelation Marketplace 100
Rickenbacker Causeway 10, 51, 53
Roam Miami 88
Robins, Craig 37
rondvaart 82
Ross, Blake 128
Rubell Family Collection 40
Rusty Pelican 4, 53

S
scheepswrak 65, 83
Score Nightclub 105
Seminole-indianen 8, 22, 68
Shark Valley Visitor Center 67
Shops at Merrick Park 62, 103
Skybar at Shore Club 105
Sloppy Joe's Bar 71
snorkelen 82
Soundscape Park 16
South Beach 5, 6, 10, 13, 16, 20, 24, 81, 98
stadsrondleidingen 112
St. James Baptist Church 57
STORY Nightclub 26, 109
streetart 4, 39
Sunny Isles Beach 10, 28
Sunset Lounge 106
SuperShuttle 110
surfen 83
Surfside 10, 28
Surfside Diner 77

Register

Sushi Republic 29
Swampspace 37, 38
Sweat Records 35, 99
Swine Southern Table & Bar 62

T
Tamiami Trail 67
Taquiza 92
Tides South Beach 22, 89
toeristeninformatie 111
Toro Toro 45
Toute Divisions Botanica 33
Tower Theater 107
Triad Seafood Market & Cafe 69
Tropicana Flea Market 101
Tropics Hotel & Hostel 89
Trump, Donald 33
Tuttle, Julia D. 81
Twist 26, 105

U
uitgaan 25, 104
Ultra Music Festival 106
Underground Railroad 54
United Christian Church of Christ 57
U.S. Post Office 22

V
Vagabond Hotel 89
veiligheid 113
Venetian Pool 61
Verde 44
Versace, Gianni 22, 24
Versailles 4, 50, 97
vervoer 111
Villa Casa Casuarina 22
Village of Key Biscayne 54
Villa Vizcaya 58
Virginia Key 4, 10, 51
vlooienmarkt 99

W
Wakodahatchee Wetlands 76
watertaxi 112
Webster 22
Wellington 76
West Palm Beach 76
Whisk Gourmet 91
Whisper Cocktail Lounge 109
Williams, Tennessee 57
windsurfen 83
winkelen 38, 77, 98
Wolfsonian-FIU 23
Wood Tavern 107
World Erotic Art Museum (WEAM) 79
Worth Avenue 77
Wynwood 4, 7, 11, 15, 39, 104
Wynwood Art District 39
Wynwood Art Walk 4, 41
Wynwood Kitchen & Bar 4, 40, 93
Wynwood Walls 40
Wynwood Walls Shop 40, 101

Y
Yisell Bakery 48, 50
yoga 85
YUCA 108

Z
Zak the Baker 91, 101
zeilen 82
Zuma 96

Paklijst

> DATUM

> AANTAL DAGEN

> HET WEER

● WARM ● KOUD ● NAT

> BASISUITRUSTING

- ANWB EXTRA
- PASPOORT/ID-KAART
- TICKETS & VISUM
- RIJBEWIJS
- BANKPASSEN
- MEDICIJNEN
- VERZEKERINGEN
- HOTELADRES

C CHECK

> TOILETARTIKELEN

> KLEDING

> DIVERSEN

> ELEKTRONICA

Mijn tripplanner

DAG 1

Blz	MUST SEE ....
Blz	....
Blz	....
Blz	....
Blz	....
Blz	....
Blz	ETEN EN DRINKEN ....
Blz	....

DAG 2

Blz	MUST SEE ....
Blz	....
Blz	....
Blz	....
Blz	....
Blz	....
Blz	ETEN EN DRINKEN ....
Blz	....

DAG 3

Blz	MUST SEE ....
Blz	....
Blz	....
Blz	....
Blz	....
Blz	....
Blz	ETEN EN DRINKEN ....
Blz	....

DAG 4

Blz	MUST SEE ....
Blz	....
Blz	....
Blz	....
Blz	....
Blz	....
Blz	ETEN EN DRINKEN ....
Blz	....

Notities

MUST SEE .... Blz ......
.... Blz ......
.... Blz ......
.... Blz ......
.... Blz ...... **DAG 5**
.... Blz ......
ETEN EN DRINKEN .... Blz ......
.... Blz ......

MUST SEE .... Blz ......
.... Blz ......
.... Blz ......
.... Blz ......
.... Blz ...... **DAG 6**
.... Blz ......
ETEN EN DRINKEN .... Blz ......
.... Blz ......

MUST SEE .... Blz ......
.... Blz ......
.... Blz ......
.... Blz ......
.... Blz ...... **DAG 7**
.... Blz ......
ETEN EN DRINKEN .... Blz ......
.... Blz ......

.... Blz ......
.... Blz ......
.... Blz ......
.... Blz ......
.... Blz ...... **E EXTRA**
.... Blz ......
.... Blz ......
.... Blz ......

Notities

Notities

T TIPS

Favoriete plekken – **review**

> OVERNACHTEN

ACCOMMODATIE ▶ ....
ADRES/BLADZIJDE ....
PRIJS   ● €   ● €€   ● €€€
NOTITIE ....
....

> ETEN EN DRINKEN

RESTAURANT ▶ ....
ADRES/BLADZIJDE ....
PRIJS   ● €   ● €€   ● €€€   CIJFER
VOORGERECHT .... ●
HOOFDGERECHT .... ●
NAGERECHT .... ●
NOTITIE ....
....

RESTAURANT ▶ ....
ADRES/BLADZIJDE ....
PRIJS   ● €   ● €€   ● €€€   CIJFER
VOORGERECHT .... ●
HOOFDGERECHT .... ●
NAGERECHT .... ●
NOTITIE ....
....

RESTAURANT ▶ ....
ADRES/BLADZIJDE ....
PRIJS   ● €   ● €€   ● €€€   CIJFER
VOORGERECHT .... ●
HOOFDGERECHT .... ●
NAGERECHT .... ●
NOTITIE ....
....
....

Notities

> WINKELEN

WINKEL ▶ ....
ADRES/BLADZIJDE ....
NOTITIE ....
....

WINKEL ▶ ....
ADRES/BLADZIJDE ....
NOTITIE ....
....

> UITGAAN

GELEGENHEID ▶ ....
ADRES/BLADZIJDE ....
NOTITIE ....
....

GELEGENHEID ▶ ....
ADRES/BLADZIJDE ....
NOTITIE ....
....

> EXTRA

EXTRA ▶ ....
ADRES/BLADZIJDE ....
NOTITIE ....
....

EXTRA ▶ ....
ADRES/BLADZIJDE ....
NOTITIE ....
....

EXTRA ▶ ....
ADRES/BLADZIJDE ....
NOTITIE ....
....
....

Fotoverantwoording

AWL-Images: blz. 20 (Bibikow); 103 (Coletti); 25 (Eisele-Hein)
DuMont Bildarchiv: blz. 76 (Modrow)
Fotolia: blz. 67 (Cegledi)
Getty Images: blz. 80 (Alexander); 90 (Boogich); uitneembare kaart, omslag (Cultura RM Exclusive/Zak Kendal); 128/8 (Fleming); 88 (Image Source); 28 (Koerner); 98 (Liberman); 104 (Maurice); 102 (McMullan); 34 (Montes-Bradley); 30 (Parra); 51, 107 (Raedle); 83 (Rich); 120/7 (Sheinwald)
Glow Images: blz. 26 (Deposit Photos)
iStock.com: blz. 101 (Barbara); 41 (Boogich); 128/3 (code6d); 54 (juripozzi); 61 (Rauluminate)
laif: blz. 66 (Aurora/Rich); 7, 12/13, 24, 39 (Denger); 59 (Haenel); 84 (Heeb); 37 (hemis.fr/Maisant); 4 o. (Modrow); 16/17, 33, 47, 49, 99 (Schwelle)
Look: blz. 89 (age fotostock); 108 (Holler); 105 (Pompe); 106 (Travel Collection)
Mauritius Images: blz. 58 (age fotostock/Ayerves); 113 (age fotostock/Greenberg); 22 (Alamy/Education & Exploration 3); 75 (Alamy/EPA); 71 (Alamy/Griffiths); 74 (Alamy/i travel); 63 (Alamy/Mier); 109 (Alamy/Rippy); 46 (Alamy/RosaIreneBetancourt 6); 32 (Alamy/RosaIreneBetancourt 7); 62 (Alamy/RosaIreneBetancourt 10); 43, 50, 57, 94 (Alamy/RosaIreneBetancourt 12); 86 (RosaIreneBetancourt 13); 110 (Schmies); 128/2 (United Archives)
picture-alliance: blz. 120/1 (abaca/Piovanotto); 29 (AP Photo/Lee); 36 (AP Photo/Sladky); 128/9 (Courtesy Everett Collection); 128/5 (Mary Evans Picture Library/UNIVERSAL TV/Ronald Grant Arch); 38 (Miami Herald/Juste); 64 (Miami Herald/Portal); 85 (ZUMA/Ares); 128/6 (ZUMA/Kaszerman)
Schapowalow: blz. 73 (Canali); 8/9 (Cozzi); 14/15, 93 (Onlyworld/Soularue); 70 (Schmid)
Shutterstock.com: blz. 55 (Blulz60); 68 (Filitz); 53 (Fotoluminate LLC); 21 (Goldberg); 97 (Kulakova); 4 (mariakraynova); 78/79 (Miami2you); 100 (N K); 40, binnenflap voor (Sergio TB)
State Archives of Florida, Florida Memory, Tallahassee (USA): binnenflap achter
Wikimedia Commons: blz. 128/4 (United States Bureau of Prisons/CC-PD)
Illustraties blz. 2, 11, 23, 29, 31, 44, 65: Gerald Konopik
Illustratie blz. 5: Antonia Selzer

Colofon

Hulp gevraagd!
De informatie in deze reisgids is aan verandering onderhevig. Het kan dus wel eens gebeuren dat je ter plaatse een andere situatie aantreft dan de auteur.
Is de tekst niet meer helemaal correct, laat ons dat dan even weten.

Ons adres is:
Uitgeverij ANWB
Redactie KBG
Postbus 93200
2509 BA Den Haag
anwbmedia@anwb.nl

Productie: Uitgeverij ANWB
Coördinatie: Els Andriesse
Tekst: Sebastian Moll
Vertaling: Amir Andriesse
Eindredactie: Machiel Rebergen
Opmaak omslag: Atelier van Wageningen
Opmaak: Hubert Bredt
Opmaak notitiepagina's: Studio 026
Concept: DuMont Reiseverlag
Grafisch concept: Eggers+Diaper
Cartografie: DuMont Reisekartografie
© 2017 DuMont Reiseverlag

© 2018 ANWB bv, Den Haag
Eerste druk
ISBN: 978-90-18-04444-2

Alle rechten voorbehouden
Deze uitgave werd met de meeste zorg samengesteld. De juistheid van de gegevens is mede afhankelijk van informatie die ons werd verstrekt door derden. Indien die informatie onjuistheden blijkt te bevatten, kan de ANWB daarvoor geen aansprakelijkheid aanvaarden.

Herinner je je deze nog?

9 van 505 429 Miamianen

Gloria Estefan
De trots van de Cubaanse immigrantengemeenschap. Zoals zovelen kwam haar familie na de Castro-revolutie naar Miami. In de jaren 80 scoorde haar band Miami Sound Machine de ene hit na de andere.

Sidney Poitier
De eerste zwarte acteur die een Oscar won (*Lilies of the Field*, 1963). Zijn ouders kwamen van de Bahama's. Hij verruilde zijn geboorteplaats Miami op zijn zestiende voor New York, om daar acteur te worden.

Henry M. Flagler
De New Yorkse oliemagnaat is de grondlegger van Miami. Hij spendeerde zijn winters om gezondheidsredenen in Florida. In de jaren 60 van de 19e eeuw bouwde hij het spoortraject St. Augustine-Miami, het begin van een reis- en bouwboom.

Al Capone
De gangsterbaas uit Chicago heeft als niemand anders bijgedragen aan de reputatie van Miami als *sin city*. In de jaren 20 organiseerde hij de dranksmokkel uit Cuba en baatte hij in South Beach illegale casino's uit.

Sonny Crockett
Het door Don Johnson vertolkte personage joeg in de 80's-serie *Miami Vice* met zijn partner Ricardo Tubbs in Miami Beach op drugsdealers. Dat deed hij in pastelkleurige linnen pakken – die prompt hip werden in de hele wereld.

James Patterson
De thrillerauteur, die in Palm Beach woont en werkt, is een van de succesvolste schrijvers aller tijden. Zijn boeken over politiepsycholoog Alex Cross gingen meer dan driehonderd miljoen keer over de toonbank.

Blake Ross
Het wonderkind van de tech-wereld groeide op in Key Biscayne. Op zijn tiende bouwde hij zijn eerste website, op zijn twintigste ontwikkelde hij de browser Mozilla Firefox.

Marjory Stoneman Douglas
De journalist en auteur die in 1988 op 108-jarige leeftijd overleed, maakte zich in de jaren 40 al sterk voor het behoud van de Everglades.

Barry Gibb
In 1975 nam de Engelsman met zijn broers een album op in Miami Beach. Barry (rechts), een van de succesvolste songwriters ter wereld, woont er nog steeds.